Rainer Sass
KOCHBUCH III

# Rainer kommt !

# Der fröhliche Fernsehkoch

„Wir leben nicht, um zu essen, sondern wir essen, um zu leben."
Hatte Sokrates Recht?
Ja, ich glaube schon.
Wir essen, um zu leben!
Wollen wir es uns gut ergehen lassen, sollten wir dringend darauf achten, was auf den Teller kommt.
Dabei hilft uns auf unnachahmliche Weise der NDR-Gegenwarts-Philosoph aus Stade, Rainer Sass.
„Der Mensch ist, was er ißt", zitiert er oft den Kollegen Feuerbach.
Um sofort die Frage anzuschließen: „Und was hast du heute gegessen?"
Sie sollten wirklich öfter mal darüber nachdenken.
Und dann in dieses herrliche, gutgelaunte Kochbuch schauen.

## VORWORT

Denn hier lesen Sie nicht nur, wie Sie am klügsten und geschicktesten das Beste auf den Tisch zaubern, sondern Sie geraten in die Stimmung, in der es sich so beschwingt leben läßt, und die für ein gutes Essen unverzichtbar ist: Voller Heiterkeit und mit leichtem Sinn. Rainer Sass, das muß ich nicht erwähnen, ist ein außergewöhnlich gut informierter Küchenkenner. Jeder, der ihn aus seinen zahlreichen NDR- Fernseh- und Hörfunksendungen kennt, weiß das! Rainer hat eine weitere, unglaublich wichtige Gabe, die ihn bei vielen Menschen sehr beliebt macht, ohne daß sie vielleicht ahnen, warum: Rainer ist fröhlich! Ansteckend gut gelaunt. Er läßt den täglichen Alltagsärger mit all seinen Problemen einfach weg vom Tisch. Denn er kennt die Zauberformel: Nur in unbeschwertem Gemütszustand eingenommen, kann ein Mahl wirklich bekömmlich und gesund sein, egal wieviel Mühe und Sorgfalt man in die Zubereitung verwendet.

Deswegen mein Tip:
Kauft das Buch mit einem Lächeln, kocht daraus in bester Laune, ladet die liebsten Freunde ein und genießt an vollen Tellern bei gutem Wein das Leben!

Herzlichst

# INHALT

| | |
|---|---|
| Vorwort | 2 |
| Asiatisch | 5 |
| Festlich | 17 |
| Fisch | 29 |
| Gemüse | 39 |
| Geschmort | 53 |
| Mein Grilltag | 71 |
| Pasta | 87 |
| Spargel | 103 |
| Dessert | 113 |
| Rainer´s Lieblingsadressen | 122 |
| Rainer´s Kochbuchtipps | 127 |
| Rainer´s Musiktipps | 128 |
| Rezeptverzeichnis | 129 |
| Impressum | 132 |

# ASIATISCH

Asiatisch inspiriert essen, das ist der Küchenkult der Neuzeit. Auf ins neue Jahrtausend mit Wok, Sushi, Sashimi und Wasabicreme.
Auch traditionelle Speisen können einen Hauch Asien gebrauchen, wieso kein Chili zum Apfelmus. Also kaufen Sie sich einen anständigen Wok, guten Reis, erstklassige Zutaten und los geht´s. Der Fantasie sind keine Grenzen gesetzt. Wieso gibt es eigentlich Bami Goreng in Dosen?
Asiatische Speisen können gut einen frischen Riesling oder einen Grauburgunder gebrauchen, oder einfach ein Bier (auch japanisch) oder einen Winzersekt.
Zum marinierten Fisch einen Sake handwarm – sehr lecker.

Lehrjahre sind keine Herrenjahre
Das Talent mit Eckardt Witzigmann

# Bami Goreng

*Zutaten für 4 Personen:*
*2 Hähnchenbrustfilets*
*1 Pckg. Shrimps,*
*Abtropfgewicht: 400 g*
*1 Bund Frühlingszwiebeln*
*1 Chilischote, scharf*
*1 TL Zucker*
*2 EL Sojasauce*
*1 walnußgroßes Stück*
*frischen Ingwer*
*1 Chinakohl*
*1 Bund glatte Petersilie*
*6 EL Sonnenblumenöl*
*2 EL Walnußöl*
*1 Pckg. Asiatische Nudeln*
*(Chuza-Soba), 200 g*
*mind. 1 Ltr. Brühe*

Nudeln in Salzwasser 4 – 5 Minuten kochen – kalt abschrecken und in 3 EL Sonnenblumenöl von allen Seiten leicht knusprig braten – etwas salzen.

Hähnchenbrust von eventueller Haut befreien und in feine Streifen schneiden. Aufgetaute Shrimps vom Darm befreien und etwas abspülen.
Chilischote und Ingwer klitzeklein schneiden, Frühlingszwiebeln in Streifen. Chinakohl halbieren – abwaschen und in Streifen schneiden – etwas abtrocknen. Alle Zutaten griffbereit an die Herdstelle stellen.

Nun 3 EL Sonnenblumenöl und 2 EL Walnußöl stark erhitzen und nach und nach die Zutaten unter ständigem Rühren beigeben.
Zuerst das Fleisch, dann Shrimps und Kohl, Frühlingszwiebeln und Chili und Ingwer.
Zum Schluss die Nudeln und gehackte Petersilie beigeben und alles mit Soja, Salz, Pfeffer und Zucker abschmecken. Mit Brühe abgießen und servieren.

Dazu schmeckt ein frischer Riesling oder ein leicht gekühlter Spätburgunder – Weißherbst aus Baden.

# Entenbrust aus dem Wok

Entenbrüste von der Haut befreien – in feine Scheiben schneiden, leicht salzen und pfeffern.
Speisestärke mit einer halben Tasse Wasser verrühren – über die Entenbrust-scheiben gießen – gut verrühren und auf einem tiefen Teller 20 Minuten durch-ziehen lassen. Die Entenbrüste bekommen einen leichten „Film" – werden dadurch zarter beim Kurzbraten.
Alle anderen Zutaten klein schneiden – Pilze in Scheiben – Ingwer besonders klein!
Wok oder großen Topf auf eine Flamme oder Platte geben. Olivenöl dazu, bis zum Rauchpunkt erhitzen und die Entenbrustscheiben scharf anbraten, ständig bewegen – Pilze und Gewürze dazu, mit Sojasauce, Brühe und Walnußöl abgießen.

Bitte nicht mehr salzen – Sojasauce ist salzig genug.
Wer es schärfer möchte, würzt mit Sambal Oelek oder Cayennepfeffer. Wer fruchtig, mit Orangensaft. Beides ist komischerweise auch lecker.

Dazu etwas Basmatireis. Ente einmal leicht, locker und bekömmlich.

*Zutaten:*
*4 Barbarie-Entenbrüste ohne Haut*
*2 TL Speisestärke Maizena*
*etwas Wasser*
*1 Bund Frühlingszwiebeln*
*150 g Austernpilze*
*150 g frische Champignons*
*100 g Shiitake-Pilze*
*1 Schalotte, klitzeklein*
*Geriebene Schale einer Orange*
*Walnußgroßes Stück Ingwer, klitzeklein*
*2 Knoblauchzehen, durchgepresst*
*1 Ltr. Brühe*
*1 EL Sojasauce*
*1 EL Walnußöl*
*mind. 3 EL Olivenöl*
*Wer möchte, würzt mit:*
*Orangensaft,*
*Sambal Oelek*

# Fischfilet asiatisch

*Zutaten für 6 Pakete:*
*250 g Saiblingfilet*
*6 Blätter Frühlingsrollenteig*
*500 g frischen Spinat*
*1 Chilischote, scharf*
*6 kleine Champignons*
*Salz, Pfeffer*

*Sauce:*
*0,2 Ltr. Fischfond*
*1 Becher Crème fraîche*
*1/2 Becher süße Sahne*
*20 g Butter*
*20 g Mehl*

Saibling in mundgerechte Würfel schneiden, salzen und pfeffern.
Spinat von Strünken befreien - Blätter in Salzwasser blanchieren – dann eiskalt abschrecken und trocken tupfen- sehr wichtig!
Champignons mit einem feuchten Tuch säubern und in feine Streifen schneiden.
Beim Chili die Kerne entfernen, in feine Streifen schneiden.
Frühlingsrollenteig leicht mit Wasser einstreichen – erst Spinat, dann Fisch, Chili und Champignons auf den Teig legen.
Daraus ein Päckchen formen – die Ränder leicht mit Wasser einpinseln – aber keine Angst beim Braten zieht sich alles schnell zusammen. Die Päckchen in Olivenöl in einer beschichteten Pfanne je Seite 3 - 4 Minuten bei mittlerer Hitze braten – ständig und vorsichtig wenden. Zum Schluss die Päckchen kurz unter den Grill legen – alles wird knusprig braun, mit einer kinderleichten Soße servieren.
Dazu Crème fraîche mit Fischfond und Sahne in einer Sauteuse oder Stielpfanne erhitzen, etwas einkochen lassen und mit einer Mehlbutter leicht binden. Einfach Mehl und Butter homogen verbinden und nach und nach zur Sauce geben, bis diese eine sämige Konsistenz bekommt – mit Zitrone abschmecken.

Einen Saucenspiegel auf den Teller geben, darauf das knusprige Fischpaket.

Blätter aus Frühlingsrollenteig in asiatischen Fachgeschäften. Bekommen Sie nur Reisblätter, müssen diese vorher feucht gemacht werden !

ASIATISCH

# Grüner Spargel
# aus dem Wok

*Zutaten für 4 Personen:*
*500 g grüner Spargel*
*12 Scampis, mittelgroß,*
*ungekocht, mit Schale*
*10 Kirschtomaten*
*1 Ltr. Fleischbrühe*
*2 Chilischoten, scharf*
*1 Schnapsglas*
*trockener Sherry*
*1 Schnapsglas*
*trockener Weißwein*
*1 EL Walnußöl*
*1 El Sesamöl*
*2 EL Olivenöl*
*Hauch Zucker*
*Salz, Pfeffer, Limone*
*1 Bund Petersilie*
*2 Kaffeetassen Basmatireis*

Spargel am Ende schälen, waschen und trocknen und in 1 cm lange schräge Streifen schneiden.
Scampis von der Schale befreien, Darm entfernen und der Länge nach halbieren. Kirschtomaten vom Strunk befreien und halbieren, Chili klitzeklein schneiden.
Alle Zutaten griffbereit an die Kochstelle stellen.

Olivenöl im Wok erhitzen – Spargel scharf anbraten – Scampis und Chili dazugeben – ständig rühren.
Sesam- und Walnußöl beigeben und mit Sherry und Weißwein ablöschen – weiter rühren und rühren – alles soll in ständiger Bewegung sein.
Nun die Tomaten dazu – mit Brühe erneut ablöschen und mit Limonensaft, Petersilie, Salz, Pfeffer und einem Hauch Zucker würzen.

Den Reis mit Wasser und Salz aufsetzen – einmal aufkochen lassen und bei kleinster Hitze leise ziehen lassen – er darf nicht mehr kochen.

Wer keinen Wok besitzt, kann alles auch in einer großen Pfanne oder Topf rühren!

ASIATISCH

# Grüne Bohnen mit Lammfilet aus dem Wok

*Zutaten für 4 Personen:*
*500 g Lammfilet*
*400 g geputzte*
*grüne Bohnen*
*1 große Schalotte,*
*klitzeklein*
*1 Knoblauchzehe,*
*durchgepresst*
*Fleisch von 4 Tomaten*
*(Vierländer)*
*2 EL Sojasauce*
*Mind. 1 TL Sambal Oelek*
*(Chilipaste)*
*1 Bund Bohnenkraut*
*0,2 Ltr. Brühe*
*oder Fond*
*Salz, Pfeffer,*
*Hauch Zucker*
*Pflanzen- und*
*Traubenkernöl*
*Basmatireis*

Bohnen putzen und mundgerecht schneiden und in kochendem Salzwasser gar kochen – je nach Dicke 8 – 10 Min. – dann abschrecken und beiseite stellen.

Lammfilet würfeln, salzen und pfeffern, Knobi und Schalotte klein hacken bzw. durchpressen. Tomaten enthäuten und entkernen – vierteln. Bohnenkraut fein hacken.

Öl im Wok erhitzen, Fleisch dazugeben – ständig wenden – Bohnen und Gewürze dazu – wieder fleißig rühren – Sojasauce, Chilipaste (Sambal Oelek), Salz, Pfeffer und Zucker dazu – alles abschmecken – mit Brühe aufgießen – immer weiter rühren.

Dieser gesamte Garvorgang im Wok dauert höchstens 4 – 5 Minuten, wer keinen Wok besitzt, kann auch eine Pfanne mit hohem Rand nehmen. Das Fleisch ist dann zart und gut und verbindet sich wunderbar mit den Gewürzen und Gemüsen.

Die Tomaten erst ganz zum Schluss dazugeben und alles mit Basmatireis servieren.

# Marinierter Saibling mit Sushireis und Wasabicreme

Sushireis in Wasser ganz normal gar kochen – dann den Reis in eine große, breite Schüssel geben und nach und nach den Sud angießen und gut verrühren.

Saiblingfilet in hauchdünne Scheiben schneiden – auf eine Platte legen und mit Meersalz, Olivenöl und Limonensaft 4 – 5 Min. marinieren.
Dann mit Sushireis und Wasabicreme servieren.

Dazu passt lauwarmer Reiswein oder Bier.

*Zutaten für 10 Personen:*
*500 g Saiblingfilet,*
*hauchdünn geschnitten*
*Saft von 3 Limonen*
*Meersalz*
*3 EL Olivenöl*
*Wasabicreme*
*(asiatischer Meerrettich)*
*300 g Sushireis*
*Wasser*

*Sud:*
*50 ml Weißweinessig*
*30 ml Sake (Reiswein)*
*1  EL Zucker*
*1  TL Salz*

# FESTLICH

Was gibt es Schöneres, als an einem festlich gedeckten Tisch mit mehreren Freunden zu sitzen, sich von Musik inspirieren zu lassen und selbstgekochte Speisen zu verputzen? Dazu hervorragende Weine und die richtigen Rezepturen – können Sie alles haben und relativ schnell. Nur die nachfolgenden Rezepturen nachkochen, denn sie sind einfach, aber lecker. Um den festlichen Rahmen zu unterstützen, holen Sie sich feinste Burgunder, beste Bordeaux und italienische Edelgewächse aus dem Keller. Zum Bollito Misto von der Gans passt ein gehaltvoller Chardonnay sehr gut.

Immer nobel! Geflügel vom Feinsten
Hier mit Freund und Züchter Janosh von Beöthy

FESTLICH

# Perlhuhn mit Morcheln

*Zutaten für 4 Personen:*
*2 Perlhühner à 1 bis 1,2 kg*
*1 Pckg. Morcheln,*
*getr., 20 g*
*0,2 Ltr. Rotwein*
*0,1 Ltr. Balsamicoessig*
*0,1 Ltr. Portwein*
*Salz, Pfeffer, Butter*

Perlhühner ausnehmen – säubern, innen und außen – salzen und pfeffern und einen kleinen Rosmarinzweig ins Innere stecken. In Form binden und für mind. 45 bis 50 Min. in den 200 Grad heißen Backofen schieben.
Die Pfanne oder Form mit Wasser angießen.

Für die Sauce Morcheln am Vortag in Wasser einweichen – dann abgießen – Flüssigkeit aufbewahren und nochmals durch ein Sieb gießen.
Die Morcheln gründlich reinigen und mit Portwein, Rotwein, Balsamicoessig und der Einweichflüssigkeit in einen Stieltopf geben und bei mittlerer Hitze alles zur Hälfte einkochen lassen.
Dieses kann während der Bratzeit der Perlhühner geschehen.

Die sämige Morchelsauce mit etwas Salz und Pfeffer abschmecken.

*Selleriepüree:*
*1 Knolle Sellerie*
*1 kg Kartoffeln*
*mind. 1/4 Ltr.*
*Sahne/Milchmischung*
*Butter, Muskat, Salz*

Für das Selleriepüree den Knollensellerie und Kartoffeln schälen – gar kochen und mit Milch-Sahnemischung (Verhältnis 1:1) aufgießen – fein stampfen und mit Muskat, Butter und Salz abschmecken.
Evtl. reicht 1/4 Ltr. Milch-Sahnemischung nicht.

Nun die Perlhühner aus dem Ofen nehmen – halbieren und mit Sauce und Selleriepüree servieren.

FESTLICH

# Gänsebraten

*Zutaten:*
*1 Bauerngans,*
*4 bis 4,5 kg*
*brauner Zucker*
*Pfeffer und Salz*

*Folgende Fruchtfüllungen*
*sind möglich:*
*1. Äpfel, Zwiebeln,*
*Orangen, Majoran*
*2. Pflaumen in Rum*
*getränkt mit Orangen*
*und Mandeln*
*3. Aprikosen,*
*Feigen mit etwas*
*Ingwer und Rosinen*
*4. Äpfel, Orangen*
*und Ingwer*

Der Gänsebraten gehört immer noch zu den Klassikern an Festtagen.
Knusprig gebraten mit feiner Füllung macht er einen schönen Winter- oder Herbsttag zum Höhepunkt.

Einige Regeln für einen perfekten Braten sollte man unbedingt beachten:
Nur frische Gänse verwenden, diese rechtzeitig beim Geflügelhändler bestellen. Die Sauce muss immer eigenständig hergestellt werden – keine Saucenrührereien mit dem Fettsud. Mindestbratenzeit: 2 bis 3 Stunden.
Scharfes Tranchierbesteck oder Geflügelschere bereithalten.
Nur Füllungen mit fruchtigen Zutaten wählen, durchgedrehte Fleisch- oder Leberfüllungen sind out.

Die Gans innen und außen salzen und pfeffern, mit einer Früchtemischung gut füllen und zunähen.
In den vorgeheizten Backofen geben, die erste Stunde bei 250 Grad, dabei die Gans einmal wenden, dann weitere 1 bis 2 Stunden bei 190 Grad.

Die Gans ständig mit dem Bratensatz und Wasser begießen, den Bratensatz immer mit frischem Wasser aufgießen, damit er nicht anbrennt.

Während der Bratzeit die Gans an Keule und Bauch anstechen, damit das Fett abfließt.

Zum Ende der Garzeit die Gans mit braunem aufgelösten Zucker bestreichen, aber Vorsicht, sie wird schnell braun!

Dann die fertige Gans mit Füllung, Sauce,
Püree und Sauerkraut servieren.

Wenn Sie während der Bratzeit die Sauce
hergestellt haben, das Püree abgeschmeckt
und das Kraut langsam geschmort haben,
steht dem Genuss dieses köstlichen Vogels
nichts mehr im Wege.

FESTLICH

# Gekochte Gans/Ente

*Zutaten für mindestens
6 Personen:
1 Gans, 4 – 5 kg
1 Knolle Sellerie
10 Möhren
4 Stangen Lauch
10 Pfefferkörner
2 Lorbeerblätter
1 angeschwärzte
halbe Zwiebel*

Gans säubern, vom groben Fett an Bauch und Hals befreien, falls kein großer Topf vorhanden, die Gans notfalls halbieren.

Die Gemüse und Gewürze mit der angeschwärzten Zwiebel mit Wasser aufsetzen, aufkochen lassen und die Gans hineingeben.
Abschäumen und alles bei kleinster Hitze – Brühe muss leicht köcheln, Gans muss vom Wasser bedeckt sein – gut 2,5 Stunden köcheln lassen.

Die Gans ist gar, wenn sich die Keulen leicht zusammendrücken lassen, also zwischendurch immer den Test machen. Notfalls etwas länger köcheln lassen.

Trocken ist mir das Fleisch noch nie geworden, da das Gänsefett doch relativ fett ist.

Nun trennt man die Haut vom Fleisch und gibt jedem eine Tasse Brühe, fischt die Gemüse heraus und gibt sie mit Petersilienmus auf den Teller.
Dazu das gekochte Gänsefleisch und unbedingt Senffrüchte essen.

Wer mehr Gemüse möchte, gart noch Wurzeln und Sellerie extra. Gute Senffrüchte gibt es von der Firma Lacroix oder sonst im italienischen Lebensmittelgeschäft.

Die Brühe wird im übrigen nur leicht gesalzen, lieber noch etwas grobes Meersalz dazustellen.

Unbedingt Beilage: Salzkartoffeln

# Orangensnack

*Zutaten pro Person:*
*1 Orangenscheibe,*
*3 cm dick, enthäutet*
*1 El Olivenöl*
*Saft einer 1/2 Limone*
*5 schwarze Oliven,*
*geviertelt*
*5 schwarze Pfefferkörner,*
*gemörst*

Orangenscheibe auf einen Teller legen –
Oliven darüber geben – Olivenöl dazu und
mit Limonensaft und gemörstem schwarzen
Pfeffer würzen.

# Petersilienmus

*Zutaten:*
*2 Bund Petersilie*
*ohne Stengel*
*4 EL Olivenöl*
*20 Pinienkerne*
*1 Zwiebel*
*2 Knoblauchzehen*
*2 EL Parmesankäse,*
*gerieben*

Alle Zutaten in eine Moulinette geben und
zu einem Mus mixen.
Eventuell etwas mehr Olivenöl nehmen.

Mit Salz, Pfeffer, Zitrone abschmecken.
Wer es schärfer möchte, nimmt etwas mehr
Knoblauch und, wenn es sein muss, Chili.

# Tafelspitz

Beim Metzgermeister Ihres Vertrauens einen Tafelspitz 14 Tage vorher bestellen. Er möchte die Tafelspitze abhängen und das Fett nicht abschneiden – so bekommen Sie für Ihr Geld eine gute Qualität.

Suppenbund putzen, Kartoffeln und Möhren für die Bouillonkartoffeln schälen und in kleine Würfel schneiden.

Für die Meerrettichcreme die Brötchen von der Rinde befreien und klein würfeln. Meerrettich erst kurz vor Herstellung der Creme reiben.
Auf einer mit Alufolie geschützten Herdplatte zwei Zwiebelhälften dunkel/schwarz rösten. Sie geben der Bouillon eine schöne Farbe.

## Hier der Kochvorgang:

1. Tafelspitz mit Gewürzen, Salz und den Zwiebelhälften in einen großen Topf mit kaltem Wasser geben und ohne Deckel aufkochen lassen.
2. Bildet sich Schaum – bitte nicht abschöpfen, sondern die Hitze herunterschalten und bei geschlossenem Deckel ganz ganz leise köcheln lassen – es darf nie kochen.
3. Der Schaum setzt sich so zu Boden und klärt die Brühe.
4. Nach 1 1/2 Stunden das Suppenbund dazugeben und weiter sieden lassen.
5. Nun etwas Brühe abschöpfen und die Bouillonkartoffeln/Möhren aufsetzen und bei offenem Deckel kochen lassen. Die Brühe zieht so wunderschön ins Gemüse.

*Zutaten für 4 – 6 Personen:*
*1 Tafelspitz, 3 – 3,5 kg*
*2 Markknochen*
*1 Suppenbund*
*10 Pfefferkörner*
*1 Lorbeerblatt*
*1 angeschwärzte Zwiebel*
*2 TL Salz*

*Bouillonkartoffeln:*
*10 Kartoffelknollen, festkochend*
*10 Möhren*
*1 Bund Petersilie*
*Brühe (aus Tafelspitzsud)*
*2 EL Butter*
*Salz*

*Meerrettichcreme:*
*1/2 Stange geriebenen Meerrettich*
*(unbedingt frisch)*
*4 alte Brötchen, ohne Rinde*
*etwas Butter*
*Salz*
*2 EL Weißweinessig*
*Brühe aus Tafelspitzsud*
*Schnittlauch*

Wenn die Gemüse gar sind, mit Butter, Salz und Petersilie abschmecken.

Meerrettich reiben – Brötchen mit etwas Butter in einen Stieltopf geben, Brühe dazu und glattrühren.
Nun den geriebenen Meerrettich beigeben – mit etwas Salz, Essig und Schnittlauch würzen.

Tafelspitz nach 2 1/2 Stunden Kochzeit aus dem Topf nehmen – in Scheiben schneiden, mit Brühe leicht begießen und mit Meerrettichsauce und Bouillonkartoffeln servieren.

Es ist weniger Arbeit als es erscheint – also ideal als Familienessen.

# Gratinierter Ziegenkäse

Ziegenkäse in mundgerechte Scheiben schneiden – in Speck einwickeln – wahlweise durchwachsener oder frischer Speck und für 5 – 6 Min. in den 200 Grad heißen Backofen geben – zum Schluss 1 Minute den Grill anstellen – so bekommt man eine schönere Farbe.

Die Kartoffeln in Scheiben schneiden, mit Olivenöl/Wasser-Mischung (auf 1 Tasse Wasser 1 EL Olivenöl) bedecken – salzen und gar kochen (6 – 7 Min.). Auf einen Teller geben – den duftenden, leicht zerlaufenden Käse darauf – hauchfein Rosmarin dazu und mit Rotwein verputzen.

Wer es süßer möchte, löffelt über den heißen Ziegenkäse (auch ohne Speck möglich) etwas Lavendelhonig und Rosmarinnadeln – auch fein.

Viel Spaß!

Bezugsadresse für vorzüglichen Ziegenkäse:

Katrin Andrée
Bachenbruch bei Lamstedt

Tel.: 04 75 6-81 25

*Zutaten:*
*Ziegenkäse*
*hauchdünnen durchwachsenen Speck*
*hauchdünnen grünen Speck*
*(frisch, ungeräuchert)*
*Rosmarinnadeln*
*Lavendelhonig*
*festkochende Kartoffeln in Scheiben*
*Olivenöl/Wasser*
*Meersalz*

# FISCH

Fisch ist gesund, sogar sehr gesund. Also auf zum Fischgenuss. Er sollte mindestens zweimal die Woche auf unserem Speiseplan stehen. Fangen Sie gleich mit dem Rotbarschgratin an, schnell, saftig und lecker. Und übermorgen Lachsfilet in Pergament – einfacher als man denkt. Das ist auch die Weinauswahl:
Gehaltvolle Weiß- und Grauburgunder aus Deutschland. Zum Lachs passt ein Spumante.

In den Weinbergen mit Freund
und Winzer August Kessler

# FISCH

# Fischstäbchen

*Zutaten:*
*Kabeljaufilet*
*Mehl*
*Butter*
*Scharfer Senf*
*Festkochende Kartoffeln*
*Salz*
*Gemörster Pfeffer*

Kabeljaufilet nach eventuellen Gräten absuchen, diese entfernen, feste Hautreste auch entfernen.
Mit Meersalz und gemörstem Pfeffer würzen. In mundgerechte große Bissen schneiden. Dann in Mehl wenden und von beiden Seiten mit scharfem Senf bestreichen.

Kartoffeln schälen, grob raspeln, salzen und das vorbereitete Fischfilet darin wenden und die Kartoffelraspeln gut andrücken.

In Butter in einer beschichteten Pfanne je Seite 4 Minuten goldbraun ausbraten – vorsichtig beim Wenden.

*Sauce für 4 Personen:*
*2 Becher Crème fraîche*
*4 EL Olivenöl*
*Saft einer 1/2 Zitrone*
*Petersilie*

Für die Sauce die Crème fraîche erhitzen – leicht köcheln lassen und mit Olivenöl und Zitronensaft verrühren.

Fischstäbchen mit Sauce und perlendem Winzersekt servieren.

Genaue Mengenangaben sind nicht möglich, nur so viel: Pro Person verputzt man mindestens 150 g Kabeljaufilet.

FISCH

# Heringe auf Zwiebel-Tomaten-Ragout

*Zutaten für 4 Personen:*
*12 grüne Heringe –*
*ausgenommen*
*4 große Zwiebeln*
*1 große Dose Tomaten*
*3 EL Balsamessig*
*2 EL Olivenöl*
*Salz, Pfeffer,*
*Hauch Zucker*
*Sonnenblumenöl*
*Butter*
*Mehl*

Heringe säubern – Kopf abschneiden – abtrocknen, dann salzen und in Mehl wenden.

In einer Mischung aus Sonnenblumenöl und Butter goldbraun ausbraten.

Vorher die Dosentomaten vom Saft trocknen – Saft aufbewahren – von den Tomaten grobe Strünke und Kerne entfernen.

Mit Olivenöl, Balsamessig, Salz, Pfeffer und einem Hauch Zucker in einem Topf 10 Min. bei kleinster Hitze schmoren – danach erst 3 – 4 EL Saft dazugeben.

Die Zwiebeln schälen, vierteln und in Lamellen teilen – mit etwas Zucker bestreuen und in Butter dünsten – gibt eine schöne Farbe – mit etwas Wasser ablöschen und gut 10 Min. gar dünsten.

Dann mit den Tomaten vermengen und mit den Bratheringen servieren.
Die Heringe mit Zitrone leicht säuern und mit Petersilie bestreuen.

# Saiblingfilet in Pergament

*Zutaten für 4 Personen:*
*4 Saiblingfilets à*
*150 – 180 g ohne Haut*
*1 kleine Fenchelknolle*
*mit Grün*
*1 Schalotte*
*2 Knoblauchzehen*
*6 Champignons, frisch*
*3 Stangen*
*Frühlingszwiebeln*
*1 Tasse gehackte Kräuter:*
*Basilikum, Salbei,*
*Rosmarin, Thymian, glatte*
*Petersilie, 1 Lorbeerblatt,*
*klitzeklein gehackt,*
*Fenchelkraut*
*1 Eigelb*
*Olivenöl*
*Zitrone*
*Salz und Pfeffer*

Lachsforellen vom Fischhändler filetieren lassen. Sonst aus zwei Forellen à 350 – 400 g die Filets auslösen, sämtliche Gräten entfernen und die Haut ablösen.

Von den Gräten und Kopf kann man mit einem Suppenbund, einem Lorbeerblatt, Pfefferkörner etwas Wasser und Wein einen wunderbaren Fischfond kochen.

Fenchel, Schalotte, Knoblauch, Champignons und Frühlingszwiebeln in feine Streifen schneiden und in Olivenöl 3 – 4 Minuten dünsten – kleine Hitze – etwas salzen und pfeffern.

Fenchelkraut hacken und mit den anderen gehackten Kräutern mischen. Es sollten mindestens 3 Sorten vorhanden sein – haben Sie mehr, um so besser. Lorbeerblatt leicht anfeuchten und klitzeklein schneiden – dazugeben.

Pergamentpapier an den Seiten mit Eigelb bestreichen. Gemüse in die Mitte legen, Fischfilet darauf, Kräuter dazu, etwas Zitrone und Salz. Alles gut verschließen und für 10 Minuten in den 200 Grad heißen Backofen legen.

Dann aufreißen, mit etwas Olivenöl begießen – das Aroma genießen und mit Weißwein und Baguette verputzen.

# Lachsterrine

Vom 600 g schweren Lachsfilet ein ca. 150 g großes Mittelstück abschneiden – dieses kleine Filet soll als mittlere Einlage in die Terrine.
Das übrige Lachsfleisch in Würfel schneiden und in einer Küchenmaschine oder Moulinette mit dem Eiweiß zerkleinern. Viel Arbeit, aber sehr wichtig! Nur so ist eine Lockerheit der Terrine garantiert.

Den Mangold von den Strünken befreien und die Blätter in kochendem Salzwasser 3 Minuten blanchieren – dann zwischen zwei Geschirrtüchern gründlich trocken tupfen.

Nun die eiskalte Sahne unter das durchpassierte Lachsfleisch rühren, nach und nach, so dass eine gute Bindung entsteht – sehr wichtig.
Mit Zitrone, Cayennepfeffer und Salz abschmecken – ruhig etwas kräftig!

Terrineform erst mit Frischhaltefolie und dann mit den Mangoldblättern auslegen. Die Blätter müssen etwas überlappen, damit alles verschlossen werden kann.

Die Hälfte der Lachsmasse in die Terrine geben – das kleine Filet einlegen und mit der restlichen Masse auffüllen. Bitte Mangoldblätter einschlagen und in den 150 Grad heißen Backofen in ein Wasserbad stellen – für 1 Stunde.

Das Wasser sollte bis zum Rand der Terrine reichen.

Nach 50 Minuten Garzeit bitte die Terrine auf Festigkeit kontrollieren – die Terrine darf bei Fingerdruck nur leicht nachgeben – falls schon zu fest, bitte aus dem Ofen nehmen.

*Zutaten:*
*600 g Lachsfilet ohne Haut*
*1 Eiweiß*
*1 Terrineform*
*(L=30cm, Br=10cm)*
*1/4 Ltr. süße Sahne*
*Salz, Pfeffer, Zitrone,*
*Cayennepfeffer*
*1 Staude Mangold*
*(große Blätter)*

FISCH

*Sauce:*
*1/2 Ltr. Fischfond*
*1 Tasse Weißwein*
*1 Becher*
*Crème fraîche, 125 g*
*Zitrone, Salz, Fleisch*
*von 3 Tomaten, enthäutet,*
*entkernt und gewürfelt*

## Für die Sauce

Fischfond und Weißwein auf die Hälfte einkochen lassen und dann die Crème fraîche bei kleiner Hitze einrühren – nicht mehr kochen lassen. Mit Tomatenfleischwürfeln, Salz und etwas Zitrone würzen. Dazu Champagner oder trockenen Weißwein servieren. Lachsfleisch und Sahne müssen absolut frisch und gut gekühlt sein.

# Rotbarschgratin

*Zutaten für 4 Personen:*
*400 g Rotbarschfilet*
*10 Kartoffelknollen,*
*festkochend*
*2 Zwiebeln*
*1 Tasse Fleischbrühe*
*1 Tasse Olivenöl*
*1 Bund glatte Petersilie*
*Salz, Pfeffer*
*Zitrone*
*Auflaufform mit*
*flachem Rand*

Rotbarschfilet säubern, Fettstellen abschneiden und nach Gräten abtasten, Gräten entfernen und in mundgerechte Stücke schneiden.

Kartoffeln schälen, in Scheiben schneiden und etwas trocken tupfen.
Zwiebeln in Scheiben schneiden.

Auflaufform mit etwas Olivenöl einstreichen und mit Kartoffelscheiben belegen, salzen und pfeffern – dann Rotbarschfilet dazugeben, Zwiebeln und Petersilienblätter, wieder etwas salzen und pfeffern.

Den Rotbarsch leicht mit Zitrone säubern – wer möchte.

Nun wieder eine Kartoffelschicht darauf, salzen und pfeffern und mit Brühe und Olivenöl aufgießen.

Für 40 Minuten in den 200 Grad heißen Backofen bei Umluft.

# Thunfischtatar

*Zutaten für 4 Personen*
*als Vorspeise:*
*400 g Thunfisch*
*Olivenöl*
*Salz, Pfeffer*
*Fleisch von 2 Tomaten*
*2 Stangen*
*Frühlingszwiebeln*
*etwas Petersilie, gehackt*
*1 EL Olivenöl*
*1 EL Weißweinessig*

Thunfisch in 3 – 4 cm dicken Scheiben kaufen – die Scheiben salzen und pfeffern und in Olivenöl von beiden Seiten ganz scharf anbraten.

Die Pfanne muss fast rauchen – Bratzeit pro Seite 1 Minute – danach aus der Pfanne nehmen – mit Küchenkrepp abtupfen und in feine Würfel schneiden – mit Tomatenwürfeln, Frühlingszwiebeln, Olivenöl, Essig und Petersilie verrühren.

Toll, das fast rohe Thunfischfilet mit der leichten Kruste – schmeckt sehr harmonisch mit Tomaten und Frühlingszwiebeln.

Solo oder auf geröstetem Brot eine Köstlichkeit. Idealer Begleiter: Deutscher Winzersekt oder Champagner.

# GEMÜSE

Schmackhaftes, kreativ gewürztes Gemüse macht Fisch und Fleisch oft überflüssig. Einfach mal mehrere Gemüsesorten auf eine große Platte geben, dazu ein duftendes Kartoffelpüree – das ist doch was! Hinterher Käse und Dessert und der Abend ist gelaufen, mal ohne Brust und Keule.
Idealer Begleiter: Sylvaner oder Rieslinge, Champagner, roter Beaujolais zu Sahnebohnen.

DAS! Jubiläumssendung mit Eva Herman

# Gefüllte Wirsingbällchen

*Zutaten für 8 Bällchen:*
*8 große Wirsingblätter*

Von den Wirsingblättern den Mittelstrunk entfernen und in kochendem Salzwasser 3 – 4 Minuten blanchieren – dann eiskalt abschrecken und trocken tupfen.

Eine Tasse mit Frischhaltefolie ausschlagen, ein Wirsingblatt hineinlegen und mit der Füllung auffüllen.

## Füllung:

*Füllung:*
*2 Scheiben Toastbrot ohne Rinde*
*150 g Shiitake-Pilze*
*2 – 3 Wirsingblätter ohne Strunk, in Streifen*
*100 g durchw. Speck*
*Fleisch von 2 Tomaten*
*4 Stangen Frühlingszwiebeln*
*Salz, Pfeffer*
*Zitronensaft*
*1/2 Ltr. Brühe*
*Butter*

Shiitake-Pilze vom Stiel befreien und in feine Scheiben schneiden.
Frühlingszwiebel und Speck klein würfeln – Toastbrot ebenfalls.
Tomaten enthäuten, entkernen und würfeln.
2 – 3 Wirsingblätter in feine Streifen schneiden.

Alles in Butter andünsten und mit Salz, Pfeffer und Zitrone würzen.

Toastbrotwürfel gesondert in Butter knusprig braten und zur Füllung geben.

Die Füllung nur kurz in Butter durchschwenken, bis sich alles gut verbindet – dann in die Tassen füllen und mit der Folie eine Kugel drehen – diese in eine feuerfeste Form (mit Deckel) geben, Brühe angießen, auf jedes Bällchen etwas Butter und für 20 Minuten bei geschlossenem Deckel und 200 Grad im Backofen schmoren.

Mit Salzkartoffeln, solo mit Baguette und Weißwein servieren.

# Knoblauch-Risotto

Den Knoblauch schälen und die Zehen vierteln oder halbieren, je nach Größe.

Schalotte und Reis in Olivenöl andünsten – alles schön verrühren, damit sich das Öl gleichmäßig verteilt.
Nun den Knoblauch dazu und mit etwas erwärmter Brühe aufgießen – dann wieder verrühren – etwas Brühe angießen und wieder rühren.

Gesamtrührzeit 20 Minuten.
Zum Ende der Rührzeit den geriebenen Parmesan, die Butter, Petersilie und die angeschlagene Sahne dazugeben – mit Salz und etwas Limonen- oder Zitronensaft abschmecken und servieren.

Wichtig ist das ständige Bewegen (bei mittlerer Hitze) des Reises. Und unerlässlich ist eine gute selbstgekochte Brühe.

Der Reis nimmt die Brühe unterschiedlich auf – also evtl. benötigen Sie etwas mehr oder weniger als einen 3/4 Ltr.

Der Risotto schmeckt solo, in einem tiefen Teller mit Löffel serviert, sehr lecker oder mit etwas grünem Spargel oder einigen gebratenen Scampis.

*Zutaten für 4 Personen:*
*250 g Risotto-Reis, Sorte:*
*Carnaroli oder Aborio*
*100 g geschälter, frischer*
*Knoblauch*
*3/4 Ltr. Fleischbrühe*
*1 Schalotte*
*3 EL Olivenöl*
*40 g Butter*
*40 g Parmesan,*
*frisch gerieben*
*1 Bund Petersilie*
*2 EL angeschlagene*
*süße Sahne*
*etwas Zitronensaft, Salz*

GEMÜSE

# Geschmorter Lauch

*Zutaten für 4 Personen:*
*8 Stangen Lauch*
*1/4 Ltr. Fleischbrühe*
*4 EL Weißweinessig*
*Saft 1 Zitrone*
*20 schwarze Pfefferkörner,*
*gemörst*
*4 EL Olivenöl*
*2 Schalotten*
*4 Eier*
*50 g Butter*
*2 Scheiben Toast*
*Meersalz*

Vom Lauch das Dunkelgrüne entfernen –
das Weiße längs halbieren und gründlich
reinigen.
Schalotte klitzeklein schneiden, Toastbrot
entrinden und in kleine Würfel schneiden.

Olivenöl in eine Pfanne geben, Lauch und
Schalotten leicht anbräunen, mit Brühe,
Essig und Zitronensaft ablöschen, mit Salz
und Pfeffer und Butter würzen.

Bei geschlossenem Deckel 10 bis 12 Min.
bei kleiner Hitze köcheln lassen.

Nun in Essigwasser (auf 1 Ltr. Wasser 2 EL
Essig) die Eier pochieren. Dazu die Eier
vorher in eine Tasse schlagen und dann in
das leicht kochende Wasser gleiten lassen –
evtl. mit 2 EL in Form bringen – trocken
tupfen und auf den fertigen Lauch geben.

Darüber die in Butter gebratenen
Toastbrotwürfel geben und alles mit
Wein und Kartoffelpüree verputzen.

# Ratatouille

*Zutaten:*
*1 mittelgroße Aubergine*
*1 mittelgroße Zucchini*
*1 gelbe, rote und grüne*
*Paprika*
*Fleisch von 4 Tomaten*
*1 Topf/Bund Basilikum*
*4 EL Olivenöl*
*4 Knoblauchzehen*
*Kastenweißbrot*
*Olivenöl*

Paprika und Tomaten mit dem Sparschäler schälen, Kerne entfernen – würfeln – Knoblauch fein hacken.
Auberginen und Zucchini waschen, Kerne und Blütenansatz entfernen und in Würfel schneiden.
Bei der Zucchini die Kerne herausschneiden, so daß nur festes Fruchtfleisch übrig bleibt.

Nun zuerst die Auberginenwürfel in Olivenöl anbraten bis sie eine schöne Farbe bekommen, dann die Paprikawürfel und den Knoblauch dazu, wieder etwas Olivenöl – und zum Schluss die Zucchiniwürfel – alles nochmals gut vermengen – nun das Tomatenfleisch beigeben.
Noch etwas schmoren lassen und mit Salz, Pfeffer und fein geschnittenem Basilikum würzen.

Das Kastenweißbrot in Scheiben schneiden und in einer beschichteten Pfanne von beiden Seiten goldbraun braten. Dann auf einen Teller geben – Ratatouillegemüse darauf und verputzen.

# Risotto mit Safran

Schalotten klitzeklein schneiden, in Olivenöl andünsten.

Den Reis unter ständigem Rühren beigeben, so dass sich alles mit dem Öl verbindet.
Dann etwas Brühe und Wein angießen – ständig rühren und nach und nach den restlichen Wein und die Brühe unter den Reis rühren.
– Der Reis nimmt die Brühe unterschiedlich auf – also vorsichtshalber etwas mehr Brühe (1,5 Ltr.) bereithalten.

Zum Schluss in den sämigen, duftenden Reis den Parmesan, dann den Safran und die Butter geben.
Mit etwas Salz, Pfeffer und Zitrone würzen.

Auf kleinen tiefen Tellern servieren.

*Zutaten:*
*500 g Risottoreis*
*2 Schalotten, klitzeklein*
*1 bis 1 1/2 Ltr. Hühnerbrühe*
*1/4 Ltr. trockener Weißwein*
*50 g Parmesankäse, gerieben*
*Zitrone, Salz, Pfeffer*
*2 Kapseln Safran*
*2 EL Butter, 3 EL Olivenöl*

GEMÜSE

# Sahne-Bohnen

*Zutaten:*
*500 g grüne Bohnen*
*2 Schalotten*
*1 Knoblauchzehe*
*1 Bund Bohnenkraut*
*1 1/2 Becher süße Sahne,*
*à 250 g*
*Salz, Pfeffer, Butter*

Bohnen putzen, in 2 cm große Stücke schneiden und in kochendem Salzwasser 8 Min. abblanchieren – dann eiskalt abschrecken.

Schalotten klitzeklein schneiden, Knobi auspressen und in Butter in einem Topf andünsten.
Bohnen dazu – und mit 1 Becher Sahne aufgießen, etwa 4 – 5 Min. einkochen lassen.

Den restlichen halben Becher Sahne ohne Zucker steif schlagen – zu den Bohnen geben und leicht verlaufen lassen, 4 – 5 Min. einköcheln lassen.

Mit Bohnenkraut bestreuen – etwas Salz und Pfeffer und servieren.

Mit Schinken, Mettwurst oder Tiroler Speck und Kartoffeln servieren.

# Sauerkraut

Zwiebel und Knoblauch klitzeklein hacken – vom Chili die Kerne entfernen, dann klitzeklein schneiden – sehr wichtig.

Sauerkraut ausdrücken.

Zwiebel und Knoblauch in Butter andünsten, Paprikapulver dazugeben und gut verrühren! Dann Chili dazu.
Sauerkraut leicht locker zerpflücken und dazugeben – mit Sahne und Weißwein ablöschen.
Bei mittlerer Hitze 40 Min. bei geschlossenem Deckel schmoren lassen.
Danach mit Pfeffer aus der Mühle, Butter und etwas Salz würzen – evtl. noch etwas Flüssigkeit (also Sahne oder Wein) dazu.
Oder vielleicht noch etwas Knoblauch – bitte sehr – einfach zwei Zehen gepresst dazugeben, danach unbedingt noch köcheln lassen.

*Zutaten für 4 – 6 Personen:*
*1 kg Sauerkraut*
*1 große Zwiebel*
*mind. 2 Knoblauchzehen*
*2 EL Paprikapulver, edelsüß*
*1 Becher süße Sahne, 250 g*
*1/4 Ltr. Weißwein – Riesling*
*2 Chilischoten, scharf,*
*klitzeklein geschnitten*
*Salz, Pfeffer, Butter*

GEMÜSE

# Gedünsteter Spitzkohl

*Zutaten für 4 Personen:*
*1 Spitzkohl, 800 – 900 g*
*1 Suppenbund*
*100 g durchw. Speck*
*1 Zwiebel*
*1/2 Bund Petersilie*
*Fleisch von 4 Dosentomaten*
*(San Marzano)*
*1 1/2 Ltr. Fleischbrühe*
*Salz, Pfeffer, Zitrone*
*Butter*
*Beilage: Kartoffelpüree*
*oder Baguette*

Kohl von welken Blättern befreien – vierteln und groben Strunk herausschneiden.

Suppenbund, Speck, Zwiebel und Petersilie fein schneiden – also in gleichmäßige Würfel – die Petersilie hacken.

Kohlviertel in relativ viel Butter leicht anbraten – dann Suppenbund, Speck, Zwiebel dazu, mit Brühe ablöschen – Tomatenfleisch beigeben – alles kräftig salzen und pfeffern.
Dann bei geschlossenem Deckel und mittlerer Hitze 35 – 40 Min. schmoren lassen.

Die Kohlviertel sollten noch bissig, aber gar sein – also ruhig zwischendurch probieren.

Nun mit Petersilie und Zitrone abschmecken – vielleicht noch etwas Butter oder gemörsten Pfeffer und mit Kartoffelpüree servieren.

Dazu einen Assmannshäuser Höllenberg Spätburgunder von August Kesseler trinken – viel Spaß!

GEMÜSE

# Kartoffelpüree

*Zutaten:*
*1 kg festkochende*
*Kartoffeln*
*200 g Butter*
*200 ml süße Sahne*
*100 ml Milch*
*Muskat*
*Meersalz*

Kartoffeln in der Schale in Salzwasser kochen – möglichst gleichgroße Knollen verwenden. Pellen und durch eine Kartoffelpresse drücken. Milch/Sahne-Gemisch erhitzen und beides unter die Kartoffelmasse geben – alles kräftig mit dem Schneebesen auflockern und mit Salz und Muskat würzen. Eventuell etwas mehr Milch/Sahne-Mischung bereithalten, denn die Kartoffeln nehmen unterschiedlich Flüssigkeit auf.

# GESCHMORT

Hier gleich ein Bekenntnis, liebe Leserinnen und Leser – ich bin ein Oberschmorer! Denn ich liebe Schmorgerichte über alles. Dieser Duft in der Küche, der große Topf auf dem Tisch, dazu ein toller Wein und gutes Brot – ach, ich schmor mir was.
Ruhig mal Kaninchen und Paella zum Familienfest servieren – dann klappt's auch mit dem Nachbarn.
Schmorgerichte können einen kräftigen Côtes du Rhône, Spätburgunder aus Baden, Rheingau oder Pfalz vertragen. Zur Paella unbedingt einen spanischen Weißwein servieren.

Ente gut – alles gut!
Es begann alles in der „Ente vom Lehel"
Hier mit Peter Wodarz

# Bratkartoffel-Tips

*Hier meine deutsche Version: Festkochende Kartoffeln in Schmalz braten, durchwachsenen Speck dazu, Schalotten klitzeklein dazu und frischen Majoran zum Schluss darüber.*

*Meine italienische Version: Festkochende neue Kartoffeln in Olivenöl braten. Parmaschinken klitzeklein dazu, Frühlingszwiebeln und etwas Rosmarin und Thymian – sehr lecker.*

Festkochende Kartoffeln am Vorabend mit etwas Salz und Kümmel in der Schale kochen, pellen und im Kühlschrank auskühlen lassen.

Je nach Geschmack in Schweineschmalz, Butaris oder Butter anbraten.
Dazu fetten Speck, durchwachsenen Speck oder Schinken geben – immer klein gewürfelt.
Sie können zum Schluss (damit sie nicht verbrennen und ihren Geschmack nur kurz an die Kartoffeln geben) Zwiebeln, Schalotten oder Frühlingszwiebeln dazugeben – wie den Speck klitzeklein schneiden.

Ideales Bratgerät ist eine schwere Eisenpfanne oder eine beschichtete Pfanne.

Anbraten der Kartoffeln immer bei allerhöchster Hitze – ideal ist Gas oder eine Halogenquickplatte auf dem Ceranfeld. Kartoffeln während des Bratens salzen und pfeffern.

Achtung:
Nie zuviele Kartoffeln in eine Pfanne geben – lieber zwei Bratvorgänge, zwei Pfannen oder eine große beschichtete Pfanne.

# Bratwurstrolle mit Linsenragout

*Zutaten für 4 Personen:*
*300 g Tellerlinsen*
*3 Frühlingszwiebeln*
*1/2 grüne Salatgurke*
*300 g Knollensellerie*
*3 Karotten*
*1 Stange Lauch*
*1 Chilischote, rot, scharf*
*1 Bund Petersilie oder*
*Schnittlauch nach Wahl*
*3 EL Balsamessig*
*5 festkochende Kartoffeln*
*Salz, Pfeffer*
*1/4 Ltr. Wasser oder*
*Hühnerbrühe*
*1 TL Senf*
*1 grobe Bratwurstrolle,*
*pro Person 150 g*
*einige Thymianzweige*
*2 Knoblauchzehen,*
*geviertelt*
*Olivenöl*

Linsen in kaltem Wasser 3 Std. einweichen, dann mit Salz bei mittlerer Hitze gar kochen.
Die Kochzeit beträgt zwischen 40 – 60 Min., je nach Alter der Linsen, also nach 40 Min. eine Garprobe machen. Die Linsen sollten noch bissig sein.

Alle Gemüse klitzeklein schneiden, etwa doppelt so groß wie eine Linse. Wer französische grüne Linsen bekommt, kann auf das Einweichen verzichten – Kochzeit siehe Packung.
Die Linsen nach der Garzeit abgießen, das Wasser wegschütten.

In einem Topf Olivenöl erhitzen und die Gemüse andünsten, zuerst die Karotten, Kartoffeln und Sellerie. Dann die Linsen, Frühlingszwiebeln, Lauch, Gurke und Chilischoten.
Mit Brühe oder Wasser ablöschen, mit Salz, Pfeffer, Essig und 1 TL Senf würzen. Petersilie beigeben und mit geschlossenem Deckel bei mittlerer Hitze 10 Min. köcheln lassen.
Die Gemüse sind dann gar, der Chili hat seine Schärfe verteilt und der Essig sorgt für eine appetitliche Säure.

Nun die Bratwurstrolle in Olivenöl braten – vorher mit Schaschlikspießen etwas Halt geben – Thymianzweiglein und Knoblauch dazu und mit dem Linsenragout servieren.

# Kalbsleber in Speck mit Kartoffel-Apfelpüree

Kalbsleber in mundgerechte Stücke schneiden, pfeffern und in Frühstücksspeck oder durchw. Speck einwickeln, mit Zahnstochern zusammenstecken.

Olivenöl in eine beschichtete Pfanne geben und die Leberstücke pro Seite bei mittlerer Stufe 3 – 4 Minuten braten.
Nach dem Braten etwas salzen – aber vorsichtig, der Speck ist oft salzig genug.

Geschälte Kartoffeln in Salzwasser kochen, abgießen und mit einer Milch-Sahne-Mischung zu einem Püree stampfen.

Vorher den Apfel schälen, in haselnußgroße Würfel schneiden – diese in einer Pfanne mit etwas Butter leicht anschwenken (2 – 3 Minuten) und unter das Kartoffelpüree heben.
Alles mit Salz und Muskat abschmecken.

Dieses Püree zuerst herstellen, dann warmstellen und die Leber braten.

*Zutaten:*
*1 Scheibe Kalbsleber,*
*2 cm dick*
*Frühstücksspeck oder*
*dünnen durchw. Speck*
*Salz, Pfeffer*
*Zahnstocher*
*1 kg weichkochende*
*Kartoffeln*
*1 säuerlicher Apfel –*
*Boskop*
*1/4 Ltr. Milch-Sahne-*
*Gemisch*

GESCHMORT

# Kalbsleber mit Speck und Kartoffel-Karottenpüree

*Zutaten für 4 Personen:*
*4 Scheiben Kalbsleber à*
*120 – 150 g,*
*mind. 2,5 cm dick*
*150 g durchw. Speck,*
*hauchdünn*
*2 EL Kräuter der Provence,*
*getrocknet*
*Salz, Pfeffer,*
*Butter zum Braten*
*1 kg mehlig kochende*
*Kartoffeln*
*1 kg Karotten*
*1/2 Ltr. Milch*
*80 g Butter*
*2 Bund glatte Petersilie*
*Salz, Pfeffer, Muskat*

Die Kalbsleber vom Fleischermeister in
2,5 cm dicke Scheiben schneiden lassen –
durchwachsenen Speck hauchdünn schneiden lassen.
Kalbsleber würfeln, mit Kräutern der
Provence bestreuen, pfeffern und in eine
Speckscheibe eindrehen.

Dann in Butter in einer beschichteten
Pfanne bei mittlerer Hitze von allen Seiten
insgesamt 4 – 5 Min. braten.
Dabei die Würfel immer schön bewegen –
vorsichtig! Der Speck brennt schnell an.

Nach dem Braten mit Salz würzen.

Für das Püree Kartoffeln und Karotten
schälen, würfeln und in Salzwasser gar
kochen.
Mit Milch, leicht gebräunter Butter zu
einem lockeren Püree stampfen, mit
gehackter Petersilie, Salz, Muskat und
Pfeffer würzen.

Kalbsleberwürfel mit Püree und Rotwein
servieren.

*Zutaten für 4 Personen:*
*1 kg mehlig kochende*
*Kartoffeln*
*1 kg Karotten*
*1/2 Ltr. Milch*
*80 g Butter*
*2 Bund glatte Petersilie*
*Salz, Pfeffer, Muskat*

## Kartoffel-Karottenpüree

Für das Püree Kartoffeln und Karotten
schälen, würfeln und in Salzwasser gar
kochen. Mit Milch, leicht gebräunter Butter
zu einem lockeren Püree stampfen, mit
gehackter Petersilie, Salz, Muskat und
Pfeffer würzen

# Geschmortes Kaninchen

Kaninchen zerteilen – Rückenfilets auslösen – Knochen vom Rücken klein hacken und mitschmoren.

Die Filets erst 10 Min. vor Garende beigeben – sonst werden sie trocken und hart.

Die anderen Teile wie Schulter, Keule, Bauchlappen in Olivenöl anbraten, dann salzen und pfeffern, enthäutete und entkernte Tomaten mit Chili, Knobi und allen Kräutern beigeben – Wein und Brühe dazu und bei mittlerer Hitze und geschlossenem Deckel 1 Stunde schmoren lassen.

Achtung! 10 Min. vor Ende der Garzeit die Rückenstränge dazugeben!

Dann das Fleisch und die Knochen aus dem Sud fischen – Fleisch ablösen – evtl. Knorpelstücke abschneiden – und in den Sud zurück.

Abschmecken mit Zitrone, Olivenöl und Pfeffer.

Mit Bandnudeln oder Polenta servieren.

*Zutaten:*
*1 Hauskaninchen, mittelschwer*
*Fleisch von 5 Tomaten*
*1 Chilischote, scharf*
*2 Koblauchzehen, durchgepresst*
*1/2 Ltr. Brühe*
*1/2 Ltr. Weißwein, trocken*
*Folgende Kräuter, je 1 Bund:*
*Basilikum – Blätter abzupfen*
*Rosmarin – Nadeln fein hacken*
*Glatte Petersilie, hacken*

# Irish Stew

*Zutaten:*
*1 Weißkohl, 1,2 bis 1,5 kg*
*1,8 kg Lammfleisch*
*ohne Knochen*
*4 Möhren*
*4 Zwiebeln*
*6 Kartoffelknollen,*
*mittelgroß, festkochend*
*1 Ltr. Fleischbrühe*
*1 TL Kümmel*
*2 Knoblauchzehen*
*50 g Butter*
*Butterschmalz*
*zum Anbraten*
*1 Bund Bohnenkraut*
*schwarzer Pfeffer, gemörst*
*Zitrone, Salz*

Weißkohl vierteln – Strunk entfernen, in Streifen schneiden und in kochendem Salzwasser 3 Min. abkochen – abgießen, mit kaltem Wasser abschrecken und mit einem Handtuch trocknen.

Lammfleisch vom Metzger in mundgerechte Stücke schneiden lassen – grobes Fett entfernen. Oder eine Lammschulter und ein Stück Nacken kaufen und Fleisch selbst auslösen und aus den Knochen mit einem Suppenbund und Gewürzen eine Brühe kochen – kochtechnisch ideal!

Kartoffeln, Möhren und Zwiebeln schälen und in Scheiben schneiden.
Kümmel und Knoblauch mit einem Kochmesser zusammen klein hacken, fast matschig. Bohnenkraut hacken. Fleisch salzen und pfeffern und in Butterschmalz von allen Seiten anbraten.

Nun alles in einen Edelstahl- oder Gußeisentopf schichten.
Zuerst Kohl, dann Fleisch, Kartoffeln, Möhren und Zwiebeln, jede Schicht mit Kümmel/Knobi und Bohnenkraut würzen, so lange bis alles Zutaten aufgebraucht sind, mit Kohl enden.
Alles mit Brühe aufgießen – wer möchte, kann auch zwischendurch die einzelnen Schichten begießen – und alles in den 220 Grad heißen Backofen für 1 Stunde – danach Butter dazu und auf dem Teller mit Zitrone und gemörstem Pfeffer abschmecken.

# Paella

*Zutaten für 4 Personen:*
*300 g Langkornreis*
*20 Scampis mit Schale,*
*halbiert*
*1 Brathuhn, 800 bis 1000 g*
*oder 3 Hähnchenkeulen*
*200 g Kabanossi-Wurst*
*1 große Zwiebel*
*mind. 5 Knoblauchzehen*
*1 Chilischote*
*1/2 Ltr. Fleischbrühe oder*
*Fischfond*
*0,2 Ltr. trockenen Weißwein*
*Fleisch von 4 Tomaten,*
*enthäutet, entkernt*
*4 EL Olivenöl*
*2 Kapseln Safranpulver*
*oder -fäden*
*1 Paprikaschote, rot*
*1 Bund Petersilie*
*Saft 1/2 Zitrone*
*Salz, Pfeffer*

Knoblauch und Zwiebeln in Würfel schneiden und in Olivenöl in einer großen Pfanne andünsten.

Hähnchen in 8 Teile schneiden – Bruststücke mit Knochen verarbeiten – Keulen halbieren – in die Pfanne geben und goldbraun anbraten.

Alles mit Brühe/Fond und Wein ablöschen.

Nach einer Schmorzeit von 20 Min. bei kleiner Hitze und ohne Deckel klein geschnittene Kabanossi, Paprika, Chili, Petersilie und die Tomaten dazugeben. Paprika vorher schälen, Tomaten enthäuten, entkernen und vierteln.

Jetzt mit Zitronensaft und etwas Salz würzen – wieder 5 – 8 Min. köcheln lassen – falls zuviel Flüssigkeit verdampft ist, etwas Brühe oder Wasser dazugießen.

Nun den Reis dazu – alles gut vermengen und den Reis gar ziehen lassen – dauert 12 – 15 Min.

Safran in Fäden leicht in Wasser auflösen und unter die Paella rühren.
Gemahlenen Safran einfach dazugeben und unterrühren.
Dann die halbierten Scampis vom Darm befreien und dazugeben.

Alles noch 3 – 5 Min. ziehen lassen und mit etwas Petersilie und frischem Olivenöl bestreuen.
Die Paella muss saftig sein, der Reis muss die Flüssigkeit gut aufnehmen können – also evtl. immer etwas Wasser angießen.

Chili, Knoblauch, Zwiebeln und Huhn geben genug Geschmack ab, so dass kein weiterer Wein verwendet werden muss.

Wer möchte, kann die Menge für Knobi, Zwiebel und Scampi erhöhen – je nach Geschmack.

Viel Spaß beim Nachkochen, leider etwas Arbeit, nicht ganz billig – aber sehr lecker.

Idealer Begleiter: Frischer Sauvignon aus Deutschland.

# Tomaten-Chili Sauce

*Zutaten:*
*1 Dose Fleischtomaten*
*3 EL Olivenöl*
*2 Knoblauchzehen*
*1 Schalotte*
*1 Chilischote, scharf*
*1 TL getr. Thymian*
*1 TL getr. Rosmarin*
*1 EL Tomatenmark*
*1 Glas Rotwein, trocken*
*Hauch Zucker*
*1 Lorbeerblatt*

Dosentomaten durch ein Sieb geben, Flüssigkeit auffangen – Strunk und Kerne von den Tomaten entfernen und das Fleisch würfeln, mit dem aufgefangenen Saft in einen Topf geben.

Schalotten, Knobi und Chili klein hacken und mit den weiteren Zutaten zu den Tomaten geben.

Alles bei geschlossenem Deckel mindestens 30 Minuten köcheln lassen – erkalten lassen und in Gläser füllen,. Die Gläser mit einem Schuss Olivenöl versiegeln, so dass keine Luft an die Sauce kommt – Gläser verschließen.

Wer möchte, kann die Sauce nach dem Kochen auch durch ein Sieb passieren, so erhält man die etwas edlere Version.

GESCHMORT

# Paprikahuhn

*Zutaten für 4 Personen:*
*2 Hähnchen à 800 – 1000 g*
*4 Paprikaschoten, rot/grün*
*1 große Gemüsezwiebel*
*2 Knoblauchzehen*
*1/2 Tasse Olivenöl*
*Salz, Pfeffer, Zitrone*

*Zum Einpinseln:*
*2 EL Paprikapulver, scharf*
*1 EL Olivenöl*
*2 EL Wasser*

Hähnchen halbieren, salzen und pfeffern, auf ein mit Olivenöl benetztes Backblech legen.

Paprika und Zwiebeln schälen und in Streifen schneiden.
Knoblauchzehen mit dem Messerrücken leicht andrücken.

Aus Olivenöl, Paprikapulver und Wasser eine Marinade zum Einpinseln rühren.

Hähnchen in den 200 Grad heißen Backofen geben – 20 Min. braten – dann Paprika, Zwiebeln und Knoblauch dazu – restliches Olivenöl angießen.

Nun die Vögel einpinseln und weitere 30 Min. braten lassen – dann alles aus dem Ofen nehmen und mit Zitrone und Rotwein servieren.

Wer möchte, kocht während der Garzeit noch ein Kartoffelpüree – gewürzt mit etwas Olivenöl statt Butter – sehr lecker.

Um mehr Flüssigkeit zu haben, einfach etwas Wasser oder Brühe zum Hähnchen/Paprika in den Ofen geben.

# Steckrübeneintopf

**Zutaten:**
1 mittelgroße Steckrübe
1 kg festkochende
Kartoffeln
5 Möhren
2 Stangen Lauch
1 angeschwärzte Zwiebel
1 kg dicke Rippe
1 kg Kasseler Bauch
Gewürzbeutel:
4 Wacholderbeeren
10 Pfefferkörner, schwarz
4 Pimentkörner
1 Lorbeerblatt
Petersilie
Crème fraîche
Großer Topf

Steckrüben, Kartoffeln und Möhren schälen und in gleich große Stücke schneiden.

Lauch säubern, halbieren und mit einem Bindfaden zu einem Päckchen schnüren.

Zwiebel auf einer Herdplatte anschwärzen (mit Alufolie schützen), Gewürze in einen Leinenbeutel oder altes Geschirrhandtuch wickeln und verschnüren.

Kasseler Bauch und dicke Rippe mit kaltem Wasser aufsetzen, bei offenem Deckel aufkochen lassen – und die Hitze reduzieren. Deckel drauf und leise köcheln lassen. Nie den Schaum abschöpfen – er setzt sich beim Köcheln ab und klärt die Brühe. Das Fleisch so 20 Min. köcheln lassen.

Nun Steckrübe, Kartoffeln, Möhren, Lauch und Gewürze dazu und weitere 40 – 45 Min. köcheln lassen. Mit Salz und Pfeffer abschmecken. Fleisch vom Knochen lösen, Petersilie fein hacken. Angeschwärzte Zwiebel und Gewürzsack entfernen.

Alles mit etwas Crème fraîche und Petersilie servieren. Dazu Bier und Brot.

GESCHMORT

# Taube im eigenen Saft

*Zutaten für 2 Personen:*
*2 Tauben – küchenfertig*
*Salz, Pfeffer*
*Strauch Rosmarin*
*2 Knoblauchzehen*
*Olivenöl*
*1/2 Ltr. braunen*
*Geflügelfond*
*1 Kapsel Safran*
*1 EL Balsamicoessig*
*Salz, Pfeffer, etwas Zitrone*


*Brauner Geflügelfond:*
*2 kg Geflügelknochen*
*Hälse und Mägen*
*2 Wurzeln*
*1 Stange Lauch*
*300 g Knollensellerie*
*1 Zwiebel*
*1 TL getr. Thymian und*
*Rosmarin*
*1 ungeschälte*
*Knoblauchzehe*
*10 Pfefferkörner*
*1 Lorbeerblatt*
*4 Wacholderbeeren*
*Öl zum Anbraten*
*0,7 Ltr. Rotwein*
*1 EL Tomatenmark*
*Wasser zum Aufgießen*

Die Knochen fein hacken, Mägen vom Fett befreien. Gemüse grob würfeln. In Olivenöl in einem großen Topf oder Bratreine anbraten, Gemüse zugeben und mit Tomatenmark leicht weiter rösten lassen. Mit Rotwein ablöschen und mit Wasser aufgießen, so dass die Knochen bedeckt sind. Sämtliche Gewürze zugeben.
Alles 2 Stunden köcheln lassen. Dann durch ein Sieb passieren.


Tauben halbieren, dazu am Brustknochen jeweils die Taubehälfte mit Schenkel und Flügel von der Karkasse (Knochengerüst) lösen. Salzen und Pfeffern und in Olivenöl von beiden Seiten scharf anbraten – dann Knoblauch und Rosmarin als Aromageber dazu legen und die Taubenhälften noch je Seite 4-5 Min. bei kleiner Hitze braten lassen.
Den Geflügelfond auf die Hälfte reduzieren, mit Safran, Balsamicoessig, Salz, Pfeffer und Zitrone würzen und mit den Taubenhälften servieren.

# Geschmorte Ziegenkeule

*Zutaten:*
*1 Ziegenkeule, 2 – 2,5 kg*
*2 Zweige Rosmarin, frisch*
*oder 1 EL getr. Rosmarin*
*2 Schalotten, klitzeklein*
*400 g frische Champignons*
*200 g Ziegenfrischkäse*
*(Rolle)*
*1/2 Ltr. Weißwein, trocken*
*1/2 Ltr. Wasser*
*3 – 4 EL Olivenöl*
*Butter*

Ziegenkeule vom Fett befreien, salzen, pfeffern und in Olivenöl von allen Seiten anbraten.

Champignons mit einem feuchten Tuch säubern, halbieren, mit der Keule anbraten. Alles mit Wasser/Wein ablöschen, Schalotten dazu und mit geschlossenem Deckel 75 Min. bei 200 Grad im Backofen schmoren lassen.
So verteilt sich die Hitze wunderbar – das Fleisch wird schonend gegart und man bekommt eine tolle Sauce.

Dazu während der Garzeit nach und nach den Käse und den Rest vom Wasser und Wein dazugeben.
Die Sauce mit Butter abschmecken und dazu Kartoffelknoblauchpüree servieren.

*Kartoffelknoblauchpüree:*
*10 Kartoffelknollen, mehlig,*
*mittelgroß*
*10 Knoblauchzehen*
*1/4 Ltr. Milch-Sahne-*
*Mischung*
*Olivenöl*
*Salz*

Kartoffeln und Knoblauch gar kochen, mit Milch-Sahne-Mischung aufgießen, Olivenöl dazu und zu einer sämigen Konsistenz verrühren.
Mengenangaben für Milch-Sahne-Mischung nach Bedarf (ca. 1/4 Ltr. zusammen).

Dazu passt ein guter Bordeaux und viel Spaß bei einem außergewöhnlichen Weihnachtsschmaus.

# MEIN GRILLTAG

Alle grillen – Sie doch auch, oder? Manche schmoren (zu wenig Hitze), vieles verbrennt, weniges schmeckt, das ist der normale Grillalltag. Die nachfolgenden Rezepte sind die Lösung für anderes schmackhaftes, aber doch einfaches Grillen. Es muß nicht immer Nackensteak Bonanza oder Rippe Las Vegas sein. Denken Sie beim Grillen doch auch mal an richtig schöne, weiß durchgezogene Glut, richtige Teller und Besteck, Licht am Grill und Stoffservietten – noch Fragen?
Der Wein sollte sommerlich und leicht sein wie Chianti classico, Babera d´ Alba, oder leichter deutscher Spätburgunder. Wer möchte, trinkt eiskalten Rosé oder Sauvignon Blanc.

Weinprobe in meinem Kochstudio
(links) Winzer Gianluca Viberti, (rechts) Freund und Weinhändler Walter Dienstbier

# Gefülltes Kotelett

*Zutaten:*
*Ziegenkäse, feine Scheiben*
*Frische Champignons,*
*fein gehobelt*
*Frische Kräuter: Thymian,*
*Rosmarin, Salbei*
*Salz, Pfeffer*

Am Knochenansatz vom Metzgermeister eine möglichst große Tasche schneiden lassen.

Frische Champignons fein in Streifen schneiden und vom Ziegenkäse eine dünne Scheibe abschneiden.

Beides mit den Kräutern in die Tasche schieben – dann auf glühender Kohle grillen.
Während der Grillzeit mit Olivenöl bepinseln.

Die Tasche wird nicht verschlossen (Holzspieß usw.) – es kann etwas Käse auslaufen.

# Mariniertes Kotelett

Knoblauch, Frühlingszwiebel und Chili-schote klitzeklein schneiden. Mengen-verhältnis nach Geschmack – wer es also schärfer möchte, nimmt mehr Knobi und Chili.

Alle Zutaten in eine flache Porzellanschale oder Auflaufform geben, mit Olivenöl (mind. 2 EL) begießen und vermischen.

Hier legt man die Koteletts hinein – wendet sie einmal und verschließt alles mit Klarsichtfolie – ab in den Kühlschrank für mind. 6 Std.

Vor dem Grillen die Koteletts von den Gewürzen befreien (sie würden sonst ver-brennen), salzen und pfeffern und grillen.

Auch hier wieder während der Grillzeit ständig mit Olivenöl einpinseln.

*Zutaten:*
*Knoblauch*
*Frühlingszwiebel,*
*mindestens 1 Stange*
*Scharfe Chilischote*
*Olivenöl mit*
*Limonengeschmack oder*
*Olivenöl und Saft*
*einer Limone*
*Meersalz, Pfeffer*

# Gegrillte Makrele

*Zutaten:*
*Makrelen*
*Frische Lorbeerblätter*
*Glatte Petersilie*
*Meersalz*

Makrelen säubern, salzen und seitlich mit frischen Lorbeerblättern spicken.
Dazu in Abständen von 5 – 10 cm, je nach Größe der Makrele, das Fleisch einschneiden und ein Lorbeerblatt einstecken – dann frische glatte Petersilie in die Bauchhöhle stecken, den Fisch in einen Fischspanner geben – die Stäbe vom Fischspanner leicht mit Olivenöl einreiben – sonst klebt alles an – und dann alles grillen.

Der frische Lorbeer gibt einen schönen Geschmack an die feste, fette Makrele – die ein idealer Grillpartner ist, weil sie eben so fett ist.

# Gegrillte Gemüse

*Zutaten:*
*Auberginen*
*Zucchini*
*Champignon-Köpfe*

*Sauce Auberginen:*
*2 Becher Joghurt*
*2 EL Olivenöl*
*Zitrone*

*Sauce Zucchini und*
*Champignons:*
*Fleisch von 4 Tomaten,*
*gewürfelt*
*3 EL Kräuter, gehackt*
*(Petersilie, Basilikum,*
*Schnittlauch, Thymian)*
*3 EL Olivenöl*
*2 EL Balsamessig*
*Hauch Zucker, Salz*

Tomaten enthäuten und entkernen – würfeln.
Mit Kräutern, Öl und Essig verrühren. Etwas salzen und einen Hauch Zucker dazu.

Die Aubergine quer in Scheiben schneiden – Zucchini mit einem scharfen Messer längs in 2 cm dicke Scheiben schneiden. Vor dem Grillen mit Olivenöl bepinseln.

Von großen Champignons die Stiele entfernen – mit Öl bepinseln und zusammen mit Aubergine und Zucchini grillen.

Einfach den Joghurt mit Olivenöl und Zitronensaft verrühren und eiskalt zur gegrillten Aubergine geben.

*Zutaten:*
*6 Tomaten, mittelgroß,*
*Vierländer*
*Olivenpaste*
*3 – 4 EL Olivenöl*
*etwas Meersalz*
*schwarzer Pfeffer*

# Gefüllte Tomate

Tomaten zur Hälfte aushöhlen, mit Olivenpaste füllen, behutsam salzen und pfeffern und bis zum Rand in Alufolie einpacken – also die Öffnung frei lassen. So auf den Grill stellen und leicht mit Olivenöl beträufeln.

# Hähnchenflügel mit Honig-Orangen-Sauce

Hähnchenflügel salzen und mit Cayennepfeffer leicht einreiben.

Für die Sauce den Orangensaft mit Honig verrühren und mit Thymian-blättern aromatisieren.

Die Hähnchenflügel zum Ende der Grillzeit mit der Marinade bepinseln. Bitte erst zum Schluss, sonst ver-brennt alles.

*Zutaten:*
*Hähnchenflügel*
*Saft von 1 Orange*
*1 EL Honig*
*(Lavendel bevorzugt)*
*1 EL frische Thymianblätter*
*Salz, Cayennepfeffer,*
*Olivenöl*

# Lammfrikadellen mit Schafskäsefüllung

*Zutaten:*
*500 g Lammhack*
*80 g Schafskäse*
*1 Ei*
*2 EL Paniermehl*
*1 EL getr. Thymian*
*2 EL Kapern, zerhackt*
*6 – 7 Sardellenfilets,*
*klitzeklein geschnitten*
*2 Knoblauchzehen,*
*zerdrückt*
*1 Bund frische Petersilie,*
*gehackt*
*3 Schalotten, klitzeklein*
*Pfeffer, evtl. etwas Salz*

Frikadellen aus normalem Hack findet man auf jedem Küchenzettel. Meine Version dagegen unterscheidet sich stark von einfachen Klopsen, denn sie sind aus Lammhack und haben statt langweiliger eingeweichter Brötchen würzige Sardellen und Kapern als Füllung.
Der Kern meiner Lammfrikadellen besteht aus Schafskäse. Das Lammhack bekommt man bei jedem Metzgermeister fertig durchgedreht.
Die Sardellenfilets schmecken am besten, wenn sie in Salz eingelegt sind.

Die Zutaten gut mit der Hand vermischen, evtl. etwas salzen oder ein paar Sardellenfilets mehr beigeben.

Diese Frikadellen mit Schafskäse füllen, pro Klops einen gehäuften Teelöffel Käse.

Unbedingt Schafskäse von weicher Konsistenz kaufen (Schafsrolle), der vom türkischen Gemüsehändler ist zu hart.

Olivenöl in der Pfanne erhitzen und die Frikadellen erst bei höchster, dann bei mittlerer Hitze etwa 10 Min. von beiden Seiten braten.

## Sauce 1:

Die Paprikaschoten schälen (geht gut mit dem Sparschäler) und in mundgerechte Stücke schneiden und in etwas Wasser gar dünsten.
Das dauert etwa 7 – 8 Min.
Dann in einem Mixer mit der Crème fraîche und der Sahne vermischen, hinterher wieder kurz erhitzen.

*2 rote Paprikaschoten, geschält*
*1 Becher Crème fraîche*
*1 Becher süße Sahne*

## Sauce 2:

Dosentomaten mit Saft in einen Topf geben – große Strünke entfernen – und die Tomaten mit einem Löffel grob zerteilen.

Alle weiteren Zutaten beigeben, Basilikum und Petersilie klein gehackt.
Mit Salz, Pfeffer und einem Hauch Zucker abschmecken.

Schmeckt außer zu den Frikadellen hervorragend zu Nudeln, Fisch und als Grillsauce. Ich koche immer eine große Menge und friere die Sauce portionsweise ein.

*1 große Dose Tomaten, mit Saft*
*3 EL Olivenöl*
*2 EL Tomatenmark*
*1 Chilischote, scharf*
*1 große Zwiebel*
*2 – 4 Knoblauchzehen, durchgepresst*
*1 Bund Petersilie*
*1 Bund Basilikum*
*Salz, Pfeffer, Hauch Zucker*

# Lammspieße mit Crème-fraîche-Sauce

**Zutaten:**
*Lammfilets (auch gefroren aus Neuseeland)*
*Salz, Pfeffer*
*Thymian, Rosmarin,*
*Olivenöl*

Ganze Lammfilets vom Fett befreien, grobe Häute entfernen – salzen, pfeffern und mit fein gehacktem Thymian und Rosmarin bestreuen.
– Dann über Holzkohle saftig rosa grillen.

## Dazu paßt die pikant-scharfe Sauce

**Sauce:**
*1 Becher Crème fraîche*
*1 Schalotte*
*5 Knoblauchzehen (mindestens)*
*1/2 TL Harissa (marokkanische Chilipaste),*
*ersatzweise Sambal Oelek*
*Olivenöl*

Dazu Crème fraîche mit durchgepresstem Knoblauch und kleingeschnittener Schalotte verrühren.
Wer möchte dünstet Knobi und Schalotte vorher an – der Power ist weg – aber dafür freut sich der Magen.

Nun noch die höllisch scharfe Harrissa-Creme dazu – alles kräftig verrühren.

Diese Sauce ist der ideale Begleiter zum Lamm – schmeckt auch zu Lammfrikadellen.

# Salate

**Zutaten:**
*2 Fenchelknollen*
*1 EL Senf, grobkörnig,*
*mittelscharf*
*Saft einer Zitrone*
*3 EL Olivenöl*
*2 EL Weißweinessig*
*2 Knoblauchzehen,*
*durchgepresst*
*Thunfischfilet in der Dose*

## Fenchelsalat

Vom Fenchel den mittleren harten Strunk entfernen – in feine Streifen hobeln.

Aus Olivenöl, Essig, Zitrone, Knoblauch und Senf eine Marinade rühren – mit dem Fenchel verrühren – alles 30 Min. durchziehen lassen.

Diesen Salat auf einen Teller geben – mit etwas abgetropftem Thunfisch belegen. Das Fenchelgrün klein hacken und den Salat damit bestreuen.

*Zutaten:*
*1 kg festkochende*
*Kartoffeln, Cilena, Sieglinde*
*oder Bamberger Hörnchen*
*3 Eier*
*1 Bund Rucola*
*1/4 Ltr. Fleischbrühe*
*2 EL Weißweinessig*
*2 EL Olivenöl*
*Salz, gemörster schwarzer*
*Pfeffer*

# Kartoffelsalat

Kartoffeln in der Schale in Salzwasser mit etwas Kümmel gar kochen. Abschrecken – abpellen und noch lauwarm verarbeiten.

Brühe leicht erhitzen und über die in feine Scheiben geschnittenen Kartoffeln geben – Essig und Olivenöl dazu – alles 15 Min. durchziehen lassen.

Hart gekochte Eier klein hacken, Rucola säubern, trocknen, von den groben Stielen befreien und in mundgerechte Stücke zupfen.

Eier und Rucola unter die Kartoffeln mischen. Alles salzen und mit gemörstem schwarzen Pfeffer bestreuen.

Schmeckt als kleine Vorspeise oder zu gegrilltem Fisch und Fleisch hervorragend.

Die Kartoffeln nehmen die Flüssigkeit unterschiedlich auf – also evtl. etwas mehr Brühe und Olivenöl nehmen, auf keinen Fall mehr Essig.

# Kräuterbaguette

Das Baguette einschneiden, aber nicht durchschneiden.

Butter mit Käse, Kräutern und Knobi zu einer homogenen Masse verrühren, salzen und pfeffern und wer möchte, würzt mit Chilischote oder Cayenne.

Diese Masse in die Brotschlitze schmieren, alles in Alufolie einpacken und für mind. 10 Min. in den 200 Grad heißen Backofen.

Ich habe beim letzten Mal 10 Knoblauchzehen genommen und lebe immer noch.

*Zutaten:*
*1 Baguette*
*mind. 5 Knoblauchzehen*
*1 Bund glatte Petersilie*
*100 g handwarme Butter*
*50 g Schafskäse*
*Salz, Pfeffer*
*Wer möchte: Chilischote*
*scharf, klitzeklein oder*
*Cayennepfeffer*

# Kräuterbutter

*Zutaten:*
*500 g Butter*
*2 Schalotten*
*4 Knoblauchzehen*
*3 EL Olivenöl*
*Schale einer Orange*
*Schale einer Zitrone*
*4 Sardellenfilets*
*Mind. 4 Tassen*
*feingehackte*
*gemischte Kräuter:*
*Schnittlauch*
*Petersilie, glatt und kraus*
*Basilikum*
*Rauke oder Rucolasalat*
*Brunnenkresse*
*Thymian*
*Rosmarin*

Schalotten und Knoblauch und Sardellen-filets klein schneiden und in Olivenöl andünsten, bis sich die Sardellen auflösen – etwas auskühlen lassen.

Von Zitrone und Orange die Haut abziehen – in feinen Streifen in kochendem Wasser 1 Minute abblanchieren, dann klitzeklein hacken.

Kräuter leicht waschen – trocknen – von allen Stielen befreien – besonders wichtig bei Basilikum und Thymian, dann alle mit einem Messer – also ohne jegliche Maschinen – fein hacken.

Alle Zutaten mit einer Gabel in einer großen Schüssel verkneten und leicht ver-rühren – dann eventuell mit etwas Salz, Zitronensaft und Olivenöl abschmecken.

Diese feine, in Handarbeit mühsam herge-stellte Kräuterbutter schmeckt zu folgenden Speisen:
Auf Butterbrot mit Schnittlauchblüten bestreut und etwas Meersalz, neue Kartoffeln mit Matjes und Kräuterbutter

– unbedingt ein Pils bereithalten.

# PASTA

Pasta macht glücklich – mich jedenfalls! Was gibt es schöneres als eine selbstgemachte Nudel mit einer schnellen tollen Sauce, dazu Chianti classico und frisches Brot – oder haben Sie mal Bock auf einen anderen Nudelsalat? Auf Seite 92 ist die Lösung. Nudeln machen glücklich, auch als Ravioli.
Bevorzugte Getränke: Ital. Rotwein, Pinot grigio. Oder Südtiroler Rote von Lageder.

Weitgereist rund um Kap Horn und über den Äquator
Jürgen Borchers (links), Hans Senk (rechts)

PASTA

# Bandnudeln mit Frühlings-zwiebeln-Safran-Sauce

*Zutaten für 4 Personen:*
*1 Bund Frühlingszwiebeln*
*1 Knoblauchzehe, durchge-*
*presst*
*3 EL Olivenöl*
*0,3 Ltr. Fleischbrühe*
*1 Kapsel Safran*
*Salz, Pfeffer, Zitrone*
*Teig mit Ei*

Von den Frühlingszwiebeln das Dunkelgrüne abschneiden
– den Rest in feine Scheiben schneiden
– Knoblauch durch eine Presse drücken
– beides in einer Pfanne in Olivenöl
andünsten, mit Brühe ablöschen und
Safranpulver dazu – alles 5 – 6 Min.
köcheln lassen.

In der Zwischenzeit die Bandnudeln
kochen.

Dann die Sauce mit Pfeffer, Salz und
Zitrone abschmecken und die gekochten,
tropfnassen Nudeln hineingeben
– leicht durchschwenken und servieren.

Auch toll schmeckt die Sauce mit etwas
süßer Sahne, also nur die Hälfte Brühe
nehmen und den Rest süße Sahne – viel
Spaß.

Wer es etwas schärfer möchte, würzt noch
mit Cayennepfeffer.

# Gnocchi mit 2 Saucen

Kartoffeln in der Schale kochen, pellen und durch eine Kartoffelpresse oder Sieb drücken.
Kartoffelteig auskühlen lassen, bis er handwarm ist – dann mit Mehl, Eiern, Salz und Backpulver verkneten.
Der Teig ist fertig, wenn er nicht mehr an den Fingern klebt und nicht mehr feucht ist – also evtl. etwas mehr Mehl nehmen.

Klar ist: Der Teig wird mit der Hand auf einer bemehlten Platte bearbeitet. Bitte behutsam und nicht zuviel kneten, er soll locker bleiben.
Dann den Teig zu einer Rolle formen und zentimeterdicke Scheiben abschneiden.
Daraus Gnocchi formen – mit einer Gabel Streifen hineindrücken.

Diese Gnocchi in sprudelndem Salzwasser 4 – 5 Min. kochen, bis sie oben schwimmen. Dann aus dem Topf nehmen und mit den Saucen servieren.

*Teig für 6 – 8 Personen:*
*1 kg mehlig kochende Kartoffeln, unbedingt in der Schale kochen, nur mehlig kochende!*
*200 g Weizenmehl 405*
*2 ganze Eier*
*Messerspitze Backpulver*
*Prise Salz*

*Braune Butter*
*Parmesankäse, frisch*
*gerieben*
*Gemörster schwarzer Pfeffer,*
*Salbeiblätter*

## Saucenvariation 1:

Auf die dampfenden Gnocchi frischen Parmesan reiben und in brauner Butter ausgebratene Salbeiblätter geben und mit gemörstem Pfeffer bestreuen.

Wer möchte, gibt zur Geschmeidigkeit noch etwas Brühe dazu. Mengenangaben nicht möglich

– Parmesan, Butter, Pfeffer, Salbeiblätter nach Geschmack.

*Tomatenfleisch von*
*6 Tomaten*
*1 Bund Basilikum*
*3 EL Olivenöl, Salz*
*Pinienkerne*

## Saucenvariation 2:

Tomaten enthäuten, entkernen und in grobe Streifen schneiden.
Basilikum mit einem feuchten Lappen reinigen (nicht waschen) und in Blättern ganz lassen.

Tomatenfleisch in Olivenöl andünsten, sofort das Basilikum dazu, alles etwas salzen und servieren.

Der Garvorgang darf höchstens 3 - 4 Min. dauern. Also die Pfanne ständig bewegen und schwenken, Pinienkerne in Olivenöl goldbraun rösten und mit der Sauce zu den Gnocchi geben.

Geheimtip für Gnocchifans.
Gefüllte Gnocchi. Mozzarella in feine Würfel schneiden – man füllt die Gnocchi mit einem kleinen Würfel Mozzarellakäse – Garzeit unverändert.

# Nudelauflauf

Penne Rigate bissig gar kochen – abschrecken. Lachsfilet in feine Streifen schneiden, salzen und pfeffern.

Fenchelknolle von Strunk und braunen Stellen befreien und auf dem Gemüsehobel fein hobeln.
Schinken in Streifen schneiden.

Für den Auflauf süße Sahne/Milch mit Eiern und geriebenem Käse verrühren, mit etwas Salz, Pfeffer und Muskat würzen.

Nun eine Auflaufform mit Olivenöl einpinseln – eine Schicht Nudeln darauf – dann als Mittelschicht Lachs, Fenchel, gekochten Schinken und gehackte Petersilie darauf geben und mit Nudeln abschließen.
Darauf gießt man die Sahne-Eier-Mischung. Benetzt alles noch mit etwas Olivenöl und schiebt den Auflauf für 40 Minuten in den 200 Grad heißen Backofen.

Wer unbedingt eine Käsekruste möchte, streut 100 g Gruyère auf den Auflauf.

Schmeckt toll zu einem frischen Salat und Weißwein.

*Zutaten für 4 Personen:*
*500 g Penne Rigate – bissig vorgekocht*
*300 g Lachsfilet*
*1 Fenchelknolle, groß*
*1 Bund Petersilie, fein gehackt*
*300 g gekochter Schinken*
*200 g geriebenen Käse (Emmentaler oder Gruyère)*
*1 Becher süße Sahne, 250 g*
*1 Becher Milch*
*Muskat*
*3 Eier*
*Salz, Pfeffer, Olivenöl*

# Nudelsalat

*Zutaten:*
*500 g Farfalle oder Penne*
*Rigate*
*1 Fenchelknolle*
*1 Möhre*
*1 Bund Frühlingszwiebeln*
*200 g Broccoli*
*2 EL Olivenöl*
*2 EL Weißweinessig*

*Mayonnaise:*
*1 Becher Sahne, 250 g*
*1 Ei*
*1 EL scharfen Senf*
*Saft einer Zitrone*
*3 EL Olivenöl*

Alle Gemüse akkurat in feine gleichmäßige Stifte oder Streifen schneiden, in Olivenöl 3 – 4 Minuten in einer großen Pfanne gar dünsten – mit Weißweinessig ablöschen – salzen und pfeffern.
Nudeln bissig gar kochen – abschrecken – mit dem lauwarmen Gemüse vermengen.

Diesen Salat auf eine Platte geben und mit der aufgemixten Mayonnaise übergießen.

Dazu einfach Sahne, Ei, Senf, Olivenöl und Zitronensaft mit einem Stabmixer aufmixen.

Wer mehr Gemüse möchte, erhöht einfach den Broccoli- oder Möhrenanteil.

# Nudelsalat

Alle Gemüse und den Radicchio in kleine 2-DM-Stück große Stücke schneiden. Champignons in feine Scheiben. Knoblauch und Chilischote in feinste Würfel schneiden.

Nudeln bissfest kochen, nicht abschrecken, sondern mit Olivenöl und Kochwasser vermischen, so dass sie lauwarm bleiben und nicht kleben.

Gemüse mit Radicchio in Olivenöl andünsten, mit Knoblauch und Chili würzen – mindestens 2 Knoblauchzehen und 2 Chilischoten.
Alles mit etwas Wasser 4 – 5 Min. gar ziehen lassen und zu den lauwarmen Nudeln geben.

Sie können auch während die Nudeln kochen, die Gemüse dünsten.

Nun die Pinienkerne, mindestens 50 g, in ganz wenig Olivenöl anbräunen und zu der Nudelmischung geben. Jetzt nur noch 1 Becher Crème fraîche, Olivenöl (mind. 3 EL) und frische Petersilie und Zitronenmelisse dazu und mit gemörstem schwarzen Pfeffer servieren.

Für diesen Salat gibt es keine genauen Mengenangaben – bitte die Mindestangaben beachten – sonst alles frei nach Gusto. Am schönsten schmeckt er lauwarm mit einem Hauch scharfen Chili und dem Duft der Zitronenmelisse und Pinienkerne.

*Zutaten:*
*Nudeln Farfalle und Fusilli*
*Radicchio*
*Fenchel*
*Pinienkerne, mind. 50 g*
*Champignons, in Scheiben*
*Zucchini*
*Chilischote*
*Knoblauch, Olivenöl,*
*Zitronenmelisse, glatte*
*Petersilie*
*Crème fraîche*

# Nudelteig

*Zutaten:*
*200 g Mehl, Typ 550*
*2 ganze Eier*
*1 Eigelb*
*1 TL Salz*

## Nudelteig mit Ei

Mehl auf ein Brett oder direkt auf die Arbeitsplatte geben, mit den Händen einen kleinen Krater bauen, Eier und Eigelb hineingeben, Salz dazu und alles zu einem homogenen Teig verkneten.

Das gleiche gilt für den Teig ohne Eier, hier bitte vorsichtig das Wasser nach und nach zugeben, denn das Mehl nimmt die Flüssigkeit unterschiedlich auf.

*Zutaten:*
*300 g Mehl*
*100 g Hartweizengries*
*0,1 Ltr. Wasser*

## Nudelteig ohne Eier

Beide Teigsorten sollten nach dem Verkneten noch 30 Min. in Frischhaltefolie eingepackt an einem kühlen Ort ruhen. Bitte nicht in den Kühlschrank legen.

Danach den Teig mit der Nudelmaschine auswalzen und zu Tagliatelle oder Spaghetti oder Lasagne- und Ravioliblättern verarbeiten.

# Offene Ravioli

Bitte zuerst die Zutaten für die Füllung zubereiten, dann die Teigblätter kochen und dann die Sauce nur leicht aufkochen lassen.

Parmesan reiben.

Austernpilze mit Salz und Pfeffer würzen und in Olivenöl 5 – 6 Min. erst scharf anbraten, dann leicht weiter braten lassen – warmstellen.

Fenchel vom harten Strunk befreien und mit dem Grün in Scheiben schneiden, in Olivenöl mit etwas Salz und etwas Wasser (2 – 3 EL) bei geschlossenem Deckel in einem Topf oder einer Pfanne 4 – 5 Min. garen lassen.

Dosentomaten ohne Saft in einen Topf geben, 2 EL Olivenöl, 1 Schalotte und 2 Knoblauchzehen klitzeklein dazugeben, mit Salz, Pfeffer und einem Hauch Zucker abschmecken und 15 Min. köcheln lassen – keine weiteren Gewürze.

Nun die Lasagneblätter nach Packungsanleitung kochen – bitte etwas Olivenöl ins Kochwasser – nicht abschrecken und mit etwas Kochwasser und Olivenöl in eine Pfanne geben – so halten sie sich warm und kleben nicht zusammen.

*Zutaten für 4 Personen:*
*8 Lasagneblätter – Barilla bevorzugt*
*1 Fenchelknolle*
*300 g Austernpilze*
*1 Dose Tomaten, klein*
*1 Schalotte*
*2 Knoblauchzehen*
*Hauch Salz, Pfeffer, Zucker*
*1 EL Olivenöl*

*Zutaten:*
*1 Becher süße Sahne*
*1 Becher Crème fraîche*
*1 Tasse Weißwein, trocken*
*2 Bund Petersilie*
*Parmesankäse*

# Sauce

Für die Sauce Sahne, Crème fraîche und Wein verrühren, Petersilie dazugeben und mit Salz abschmecken. Wer möchte, bindet die Sauce noch mit eiskalter Butter. Nun je 1 Nudelblatt auf einen Teller geben – heiße Austernpilze und Fenchel da drauf – Tomatensauce in die Mitte, zweite Nudelplatte oben drauf – Sahne darüber und mit Parmesan bestreuen – etwas Arbeit, aber sehr lecker!

# Spaghetti mit Brühe, Parmesan und pochiertem Ei

*Zutaten Brühe (Hühner-*
*oder Rinderbrühe):*
*1 Suppenbund*
*1 Suppenhuhn oder*
*1,5 kg Suppenfleisch/*
*Fleischknochen*
*1 Markknochen*
*1 angeschwärzte Zwiebel*
*1 Lorbeerblatt*
*10 schwarze Pfefferkörner*
*5 Wacholderbeeren*
*Petersilienstengel*

Aus Huhn oder Suppenfleisch/Knochen und den Gewürzen eine Brühe kochen. Dazu eine Zwiebel halbieren und die Schnittflächen auf der Herdplatte, geschützt von Alufolie, schwarz rösten – so in die Suppe.

Alles mit kaltem Wasser angießen, ohne Deckel aufkochen lassen – nicht abschäumen und bei geschlossenem Deckel eine Stunde leise simmern lassen.
So erhält man eine klare, schöne Brühe, denn das Eiweiß/der Schaum setzt sich durch das leise Köcheln ab und klärt so die Brühe.

Das Fleisch können Sie für einen Salat oder Ragout benutzen. Restliche Brühe in Joghurtbecher einfrieren!

*Zutaten:*
*500 g Spaghetti*
*1/2 Ltr. konzentrierte Brühe*
*Parmesan*
*Schwarzer Pfeffer*
*Frische Eier*
*Salz*

So, nun weiter mit den Spaghetti: In viel Salzwasser ohne Öl bissig kochen, abgießen und tropfnaß auf den Teller geben und mit eingekochter Brühe übergießen.

Dann das pochierte Ei in die Mitte legen, frischen Parmesan darüber hobeln, schwarzen gemörsten Pfeffer dazu und servieren.

Pochiertes Ei: Essigwasser erhitzen, auf 1 Liter Wasser 2 EL Weißweinessig, Eier einzeln in eine Tasse schlagen, dann aus der Tasse langsam ins Wasser gleiten lassen. Das Eiweiß stockt und fertig ist nach 3 – 4 Minuten ein pochiertes Ei.

Wer möchte, hält das Eiweiß kurz mit 2 Löffeln in Form.

# Spaghetti in Pergament

Aus den Zutaten eine kräftig schmeckende Tomatensauce kochen.
Die Dosentomaten dazu abgießen – Strunk und Kerne entfernen – Saft auffangen und mit dem klein geschnittenen Tomatenfleisch verarbeiten.

Dann mit Gemüse, Tomatenmark, Hauch Salz und Pfeffer und Olivenöl bei mittlerer Hitze mindestens 30 Min. köcheln lassen. Etwas auskühlen lassen.

Pergamentbögen auf einen Tisch verteilen – gekochte Spaghetti zur Tomatensauce geben, etwas durchschwenken und auf das Pergament geben.

Gemüse, Kräuter, Meeresfrüchte und Sardinen dazu – 1 EL Weißwein und etwas Olivenöl dazu und alles gut verpacken.

Das Pergament unbedingt mit Olivenöl einstreichen – sonst klebt alles fest!

Wer möchte, kann die Meeresfrüchte und Sardinen vorher leicht andünsten.

Nun in den vorgeheizten Backofen geben, 12 Min. bei 200 Grad.
Päckchen heiß servieren – aufreißen – den Duft genießen und mit Rotwein verputzen.

*Zutaten für 6 Personen:*
*Tomatensauce:*
*1 Dose Tomaten, San Marzano-Qualität*
*2 EL Tomatenmark*
*1 Zwiebel*
*2 Knoblauchzehen*
*Kräuter, frisch oder getrocknet: Thymian, Rosmarin*
*1 Bund Petersilie, frisch*
*3 EL Olivenöl*
*Hauch Zucker*
*Salz, Pfeffer*
*Wer Schärfe möchte:*
*1 Chilischote oder 1 TL Cayennepfeffer*

*Gemüse und Meeresfrüchte:*
*1 kleine Fenchelknolle*
*1 Paprikaschote, rot*
*2 Frühlingszwiebeln*
*Fleisch von 4 Tomaten*
*24 schwarze Oliven*
*1 Pckg. Meeresfrüchte, 250 g*
*1 Pckg. kleine Sardinen, 250 g*
*Pergamentpapier*

# Tagliatelle mit Schollenfilets

*Zutaten für 4 Personen:*
*4 große Schollenfilets*
*1 Packung Tagliatelle –*
*500 g*
*1 Becher Sahne*
*1 Becher Weißwein, trocken*
*– bevorzugt Riesling*
*1 Bund Frühlingszwiebeln*
*4 – 5 Sardellenfilets*
*Mindestens 2*
*Knoblauchzehen*
*Fleisch von 2 großen*
*Tomaten*
*1/2 Bund Petersilie, gehackt*
*Salz, Pfeffer, Zitrone*
*Olivenöl*

Frische Schollen kaufen und diese filieren oder gleich frische Schollenfilets beim Fischhändler besorgen. Noch besser: Schollen kaufen und ohne Aufpreis vom Händler filieren lassen.

Knoblauch und Frühlingszwiebeln in feine Streifen schneiden, Tomaten enthäuten, entkernen und würfeln.
Petersilie fein hacken.

Für die Sauce den Knoblauch mit Frühlingszwiebeln und klein geschnittenen Sardellenfilets in Olivenöl andünsten – mit trockenem Weißwein ablöschen – Sahne und Tomatenfleisch dazu – alles leicht köcheln lassen.

Nun die Tagliatelle in viel Salzwasser kochen.

Währenddessen die Schollenfilets in mundgerechte Stücke schneiden, mit Zitrone beträufeln und leicht säubern.
So – also unpaniert – in die Sauce geben und leicht ziehen lassen.

Sauce mit Salz und Pfeffer abschmecken, aber vorsichtig, die Sardellen geben erhebliches Salz ab.

Tropfnaß abgeschwenkte und abgegossene Nudeln auf eine große Platte geben – Sauce mit Schollenfilets dazu – mit Petersilie bestreuen und auf der Terrasse oder Balkon mit kaltem, frischem Weißwein verputzen.

# SPARGEL

Ein Spargelessen, das ist auch immer etwas Festliches – oder finden Sie nicht? Wie wäre es mal mit einem Spargelmenü? Also vorweg einen Spargelsalat, dann den Orangensnack von Seite 24 und zum Schluss grünen Spargel mit Safranpüree. Tolle Idee – oder? Also los. Auf Spargel in Dosen müsste es eigentlich 2 Jahre auf Bewährung geben. Als idealer Trinkbegleiter bevorzuge ich einen Champagner oder Winzersekt. Ab und zu schmeckt auch ein kräftiger Weißer aus dem Burgund.

Kochen für das Jahr 2000
NDR EXPO Cafe Hannover mit Jan Malte Andresen

# Spargel in Pergamentpapier

*Zutaten pro Portion:*
*5 Stangen weißen Spargel,*
*geschält*
*2 EL Butter*
*etwas Meersalz*
*1 TL gehackter Kerbel und*
*glatte Petersilie*
*Pergamentpapier*

Spargel schälen und auf Pergamentpapier legen, Butter und Salz dazu – zu einem schönen Päckchen packen – dabei etwas Freiraum lassen – also ein luftiges Pergamentpaket.

Den Backofen auf 220° vorheizen – Paket 25 Min. garen lassen – dann aufreißen – gehackten Kerbel oder glatte Petersilie dazu und servieren.

Ideal als kleine Vorspeise mit einem Glas Sekt oder Weißwein.

# Spargel polnisch

Idealer Begleiter zu weißem Spargel ist goldbraun geröstetes Paniermehl – selbst hergestellt aus altem Toastbrot ist ideal und am feinsten.
– Dazu Butter in einer Pfanne zerlassen
– Brösel dazu geben – ständig rühren und fertig.

Dazu den Spargel (geschält oder gekocht) noch mit fein gehackten hart gekochten Eiern bestreuen – Petersilie dazu und fertig.

– Spargel polnisch – fehlen nur noch Salzkartoffeln und Weißwein.

*Zutaten:*
*Weißen Spargel*
*Paniermehl, Butter*
*Fein gehackte hart gekochte Eier*
*Petersilie*

# Spargelrisotto

*Zutaten für 4 Personen:*
*250 g Risotto-Reis, Sorte:*
*Carnaroli oder Aborio*
*150 g weißen, geschälten,*
*in feine Scheiben*
*geschnittener Spargel*
*3/4 Ltr. Fleischbrühe*
*1 Schalotte*
*3 EL Olivenöl*
*40 g Butter*
*40 g Parmesan,*
*frisch gerieben*
*1 Bund Petersilie*
*2 EL angeschlagene*
*süße Sahne*
*etwas Limonensaft, Salz*

Spargel schälen und in feine Scheiben schneiden.

Schalotte und Reis in Olivenöl andünsten – alles schön verrühren, damit sich das Öl gleichmäßig verteilt.
Nun den Spargel dazu und mit etwas erwärmter Brühe aufgießen – dann wieder rühren – etwas Brühe angießen und wieder rühren.
Gesamtrührzeit 20 Minuten.
Zum Ende der Rührzeit den geriebenen Parmesan, die Butter, Petersilie und die angeschlagene Sahne dazu geben – mit Salz und etwas Limonen- oder Zitronensaft abschmecken und servieren.

Wichtig ist das ständige Bewegen (bei mittlerer Hitze) des Reises. Und unerlässlich ist eine gute selbstgekochte Brühe.

Der Reis nimmt die Brühe unterschiedlich auf – also evtl. benötigen Sie etwas mehr oder weniger als einen 3/4 Ltr.

Der Risotto schmeckt solo, in einem tiefen Teller mit Löffel serviert, sehr lecker oder mit etwas grünem Spargel oder einigen gebratenen Scampis.

# Spargelsalat lauwarm

Spargel schälen – kochen – fast noch heiß in mundgerechte Stücke schneiden.

Tomaten enthäuten, entkernen und würfeln – in eine Schüssel geben, Öl und Essig dazu, lauwarme Spargelstücke beigeben – salzen, pfeffern und mit etwas Zucker würzen.

Dann mit Kerbel bestreuen und lauwarm mit Baguette servieren – oberlecker!!

*Zutaten:*
*500 g weißen Spargel*
*Fleisch von 4 Tomaten*
*3 EL Olivenöl*
*3 EL Weißweinessig*
*1 EL Walnußöl*
*Salz, Zucker, Pfeffer*
*1 Bund Kerbel*

# Grüner Spargel mit safraniertem Kartoffelpüree

*Zutaten für 4 Personen:*
*1 kg grüner Spargel*
*10 Kartoffelknollen*
*1/4 Ltr. warme Milch*
*2 Kapseln Safran*
*Salz, gemörster Pfeffer*
*100 g Butter*

Spargel nur am Ende leicht schälen – bündeln und kochen – dann auf ein Tuch geben – leicht trocknen und auf Teller servieren.

Mit etwas brauner Butter begießen und mit Pfeffer bestreuen.

Dazu schmeckt ein safraniertes Kartoffelpüree sehr gut.
Dazu Kartoffeln schälen, kochen und mit warmer Milch und den in etwas Wasser aufgerührten Safran zu einem Püree stampfen.
Mit Salz abschmecken – und zum grünen Spargel geben.

# Spargel-Crêpes

*Zutaten für 4 Portionen:*
*16 Stangen weißen Spargel*
*8 Scheiben gekochten*
*Schinken, sehr dünn*
*geschnitten*

*Crêpe-Teig:*
*150 g Mehl*
*3 Eier*
*1/4 Ltr. Milch, lauwarm*
*Prise Salz*
*1 grob geraspelte*
*neue Kartoffel*
*Butter zum Ausbacken*
*1 Becher Crème fraîche*

Aus Mehl, Eiern und Milch einen Crêpe-Teig anrühren, leicht salzen und 20 Min. ruhen lassen – dann eine rohe Kartoffel in den Teig raspeln.

Spargel schälen, bündeln und kochen.

Crêpe-Teig in einer beschichteten Pfanne ausbacken (der Teig reicht fast für 6 – 7 Stück) – danach auf einen Teller legen – gekochten Schinken auf den Crêpe legen – 4 Stangen Spargel pro Portion darauf – alles zusammenrollen und nochmals in einer Pfanne mit etwas Butter erhitzen.

Crème fraîche bei kleiner Hitze in einem Topf erhitzen und über die Crêpes gießen – mit Petersilie garnieren.

Bitte erst den Spargel ins Kochwasser geben – nach der Hälfte der Kochzeit anfangen, die Crêpes auszubacken.

Dann den Spargel auf ein Tuch geben – leicht antrocknen und mit Schinken einwickeln. Schmeckt kalt auch sehr lecker.

# Orangensauce

Orangensaft und Eigelb in einem Topf mit möglichst dickem Boden (hält die Hitze besser, Kupfer und Gußeisen ideal!) leicht erhitzen und zur cremigen Konsistenz mit einem Schneebesen aufschlagen.

Nun eiskalte Butter in kleinen Stückchen unter die Orangencreme rühren – nach und nach.
Die Hitze etwas erhöhen und weiterrühren – die Sauce wird so immer fester und schöner – sie darf nur nicht kochen.

Mit etwas Pfeffer abschmecken und so den Spargel mit Lachs, Kotelett oder Kartoffeln servieren.

*Zutaten:*
*Reicht für 4*
*Spargelportionen*
*Saft 1 Orange*
*3 Eigelb*
*200 g eiskalte Butter*

# DESSERT

Ich bin leider kein großer Dessertkoch – aber Esser! Deshalb sind die nachfolgenden Rezepturen einfach und doch köstlich. Alle Rezepte ergänzen sich wunderbar als Dessert-Buffet. Das ganze vielleicht als Sonntagmorgens-Brunch serviert, dazu Kaffee, verschiedene Teesorten, Champagner und Grappa – viel Spaß.

DAS! rote Sofa kurz vor Hollywood
Rechts mein Leib- und Magenregisseur Florian Kruck

DESSERT

# Gebrannte Creme – Crème brulée

*Zutaten:*
*3 Becher Sahne à 250 g*
*1 Ltr. Milch*
*10 Eigelb*
*80 g Zucker*
*4 Vanillestangen*
*Brauner Zucker*

Milch und Sahne mit ausgekratzter Vanillestange in einen Topf geben – aufkochen und 4 – 5 Min. leise köcheln lassen.

Eigelb mit Zucker verrühren – bitte nicht schaumig rühren. Vanillemilch zu dem Eigelb geben – alles schön verrühren – möglichst ohne Schaumbildung.

Die Masse durch ein Sieb in die Auflaufform geben und ohne Wasserbad für 60 Min. in den 120 Grad heißen Backofen stellen.

Leicht auskühlen lassen – mit braunem Zucker bestreuen und mit dem Backofengrill gratinieren – vorsichtig – es verbrennt schnell.

Solo mit etwas Champagner verputzen. Eine Kalorienbombe besonderer Art.

# Kirschgratin

*Zutaten:*
*1 kg Süßkirschen*
*1 Stück Ingwer,*
*walnußgroß, in Scheiben*
*Je 1 Stück Zitronen- und*
*Orangenschale ohne*
*weiße Haut*
*1 Stück Stangenzimt*
*Saft einer Zitrone*
*1 Ltr. Rotwein – Chianti,*
*Deutscher Spätburgunder*
*1 Tasse Portwein*
*1 Tasse Balsamicoessig*

*Streusel:*
*100 g Mehl*
*60 g Butter*
*50 g Zucker*

Kirschen entsteinen – Rotwein, Portwein und Balsamicoessig, Zitronensaft mit Ingwer, Zitronen-Orangenschale und Zimt um 1/3 einkochen lassen.

Kirschen in eine feuerfeste Auflaufform geben – Flüssigkeit darüber gießen – Aromastoffe vorher entfernen.

Für die Streusel Mehl und Zucker verrühren und mit der aufgelösten Butter begießen – mit den Fingern bewegen und schon haben wir Streusel.
Diese über die Kirschen streuen und alles für 12 – 15 Minuten in den 180 Grad heißen Backofen geben.

Die Flüssigkeit verbindet sich mit den Kirschen und der Streusel wird knusprig braun. Falls er zu braun wird, den Gratin mit Folie abdecken.

# Scheiterhaufen

*Zutaten:*
*5 Äpfel, Gravensteiner,*
*geschält, entkernt,*
*in Scheiben*
*500 g Rosinenbrot*
*oder Hefezopf*
*1 Ltr. Milch*
*1 Ltr. süße Sahne*
*2 ganze Eier*
*1 Pckg. Bourbon-*
*Vanille-Zucker*
*1 Auflaufform,*
*30x15 cm,*
*10-15 cm hoch*
*Puderzucker*

Äpfel schälen, entkernen und in Scheiben schneiden.
Rosinenbrot – mind. 1 – 2 Tage alt – in mundgerechte Stücke schneiden.
Beides in eine Auflaufform schichten, mit Rosinenbrot beginnen – dann Apfel und wieder Rosinenbrot.

Wer möchte, säuert die Äpfel etwas mit Zitrone.

Aus lauwarmer Milch, Sahne, Eiern und Vanillezucker eine Masse aufschlagen – über den Rosinenbrot-Apfelauflauf geben.

Für 40 Min. bei 200 Grad im Backofen backen – vor dem Servieren auskühlen lassen.

*Vanillesauce:*
*3 Eigelb*
*30 g Zucker*
*1 Ltr. Milch*
*1/8 Ltr. süße Sahne*
*1 Vanilleschote*

Für die Vanillesauce 3 Eigelb mit 30 g Zucker auf einem Wasserbad schaumig rühren.
Milch/Sahnemischung mit ausgekratzter Vanilleschote 5 Min. köcheln lassen, dann zur Eigelbmasse geben – kräftig verrühren – dann in einen neuen Topf geben – einmal aufkochen lassen – immer rühren.

Nach 3 – 4 Min. wird die Creme sämig dick, dann kaltstellen und mit dem Scheiterhaufen servieren – als Krönung etwas Puderzucker darüber.

# Zabaione mit marinierten Erdbeeren

Von der Orange die Haut mit einem kleinen Ziselierer oder scharfen Messer abschneiden – die feinen Streifen in kochendem Wasser 2 Minuten abblanchieren. Dann die Orange auspressen – Erdbeeren vierteln und mit Zucker, Orangenschale, Saft und Orangenschnaps mindestens 1 Stunde marinieren.

Die nachfolgende Zabaione ist kinderleicht, aber kalorienstark.

Guten Marsala – also sizilianischen süßen Weißwein – bekommt man in fast jedem italienischen Feinkostgeschäft.

Zucker und Eigelb über einem Wasserbad schaumig rühren und nach und nach die beiden Weine unter ständigem Rühren darunter ziehen.
– Noch leicht warm mit den eingelegten Erdbeeren servieren.

*Zutaten für 4 Personen:*
*1 kg Erdbeeren*
*Saft einer Orange*
*1 Pckg. Vanillezucker*
*Orangenschale*
*2 EL Grand Manier*
*oder Cointreau*

*Zabaione:*
*8 Eigelb*
*8 EL Weißwein, halbtrocken*
*8 EL Marsala*
*8 EL Zucker*

# Zuppa iglese

*Zutaten:*
*Creme:*
*5 Eigelb*
*50 g Speisestärke Maizena*
*1 Ltr. Milch*
*1 Vanillezucker*
*100 g Zucker*
*1 hohen Biskuitboden –*
*erhältlich in jeder Bäckerei*
*200 g kandierte Orangen*
*Averna oder Ramazotti –*
*italienischer süßer*
*Kräuterlikör,*
*Menge nach Wahl – mind.*
*je 2 Schnapsgläser*
*Amaretto – mind.*
*2 Schnapsgläser*

Eigelb mit Speisestärke und Zucker auf dem Wasserbad schaumig rühren.

Vanilleschote auskratzen und in der Milch 10 Min. ausköcheln lassen. Schote entfernen, Milch zur Eiermischung geben – rühren, damit eine sämige Konsistenz entsteht.
Diese Mischung in einen Topf geben und unter ständigem Rühren einmal aufkochen lassen.
Creme mind. 3 – 4 Std. im Kühlschrank erkalten lassen.

Biskuitboden in 3 Platten teilen – mit großem Sägemesser – und etwas drehen. Besser schneiden lässt sich der Biskuit, wenn er leicht angefroren ist – also vorher kurz in den Kühler!
2 Biskuitplatten mit Kräuterlikör und die dritte mit Amaretto tränken. Eine große Auflaufform oder ein tiefes Backblech mit einem Biskuitboden auslegen – darauf die Vanillecreme geben – wieder ein Biskuitboden und nochmals Creme.

*Eischaum:*
*5 Eiweiß*
*200 g Zucker*

Auf den letzten Biskuitboden gibt man den mit 200 g Zucker sehr steif geschlagenen Eischnee.
Der zweite Boden nur mit klein geschnittenen kandierten Orangen belegt.

Alles für 10 Minuten bis 180 Grad in den Backofen schieben – so bekommt die Schneehaube eine schöne Farbe – Achtung! Verbrennt schnell.
Die Traumbombe von Nachtisch mit Winzersekt an einem lauen Sommerabend servieren. Viel Spaß!

# Feines Apfelmus

Äpfel schälen – entkernen und in mundgerechte Stücke schneiden. Zwiebel in Lamellen schneiden und beides in Butter andünsten und mit Weißwein ablöschen. Als Aromageber nun eine halbierte Chilischote ohne Kerne, ein Stück Ingwer und Zimt dazu geben.

Alles bei kleiner Hitze 10-15 Min. bei offenem Deckel köcheln lassen. Dann Chili, Ingwer und Zimtstange entfernen und servieren.

Schmeckt köstlich zu Leber, Kotelett oder auf geröstetem Brot.

*Zutaten:*
*4 säuerliche Äpfel*
*1 große Haushaltszwiebel*
*1 Chilischote*
*1 Stange Zimt*
*1 kleines Stück Ingwer*
*haselnußgroß*
*0,2 Ltr. trockenen Weißwein*
*(Riesling)*
*etwas Butter*

# RESTAURANT-TIPPS

Le Canard, Elbchaussee 139

Es zählt immer noch zu meinen Lieblingsrestaurants, schnörkellose, klare, gegliederte Küche und bezahlbare Weintipps von Anton Viehhauser. Dazu der wunderbare Blick auf die Elbe. Nehmen Sie sich Zeit für das 7-Gänge Menu von Josef Viehhauser, so verschaffen Sie sich einen guten Eindruck von einem der besten Köche Deutschlands. Unbedingt Salzburger Nockerln probieren – ein Wahnsinn.

Restaurant Jakob im Hotel Louis Jakob, Elbchaussee 401

Nicht nur der feine Elbblick, die schöne Terrasse und das wunderbar restaurierte Hotel sind einen Weg ins Restaurant Jakob wert. Küchenchef Martin präsentiert schnörkellose Küche ohne Schickimicki. Besonders lecker: Entenbrust mit Feigen und ein köstliches Steinpilzrisotto. Etwas enttäuscht war ich vom gegenüberliegenden Kleinen Jakob (Bistro), ich bekam leider lauwarmes Fischfilet mit Gräten und eine kalte Vorsuppe. Erstklassig war nur der Flammekuchen.

Vero Anna Sgroi, Domstr. 17 – 19

Endlich hat Anna ihr eigenes Restaurant. Lockere Einrichtung, bunte Tischdecken, freundlicher Service. Beste Qualität zu hoch kalkulierten Preisen. Die Ravioli mit Pilzfüllung waren ein Traum. Zu kleines Weinangebot.

Tafelhaus, Holstenkamp 71

Einige Male einen tollen Mittagstisch genossen, schnell, unkompliziert und bezahlbar. Schöne Weinauswahl und lockerer Service. Leider ständiges Parkplatzsuchen. Weiter so – Christian Rach.

Blockhaus Steakhauskette, diverse Male in Hamburg

Noch immer fahre ich ins Blockhaus und noch immer ist der Salat zu kalt und das Bier schlecht geschenkt. Unbedingt Lamm vom Grill probieren, dazu einen erstklassigen Rotwein aus Kalifornien.

Wurststand bei C&A, Mönckebergstr.

Inzwischen gibt es hier sogar eine kleine Currywurstbar. Qualität aller Wurstsorten immer o.k. Ich glaube, die Sauce zur Currywurst wird immer schärfer – alles picobello.

# RESTAURANT-TIPPS

Fisch Gosch, Im Hauptbahnhof –
Wandelhalle

Mein Freund Jürgen Borchers lockt
mich hin und wieder an den Gosch-
stand im Hauptbahnhof. Leckeres
Matjesfilet auf Schwarzbrot, dazu ein
frisches Pils.
Leider eingeschränkte Weinauswahl und
die Luft ist nach 19 Uhr zum schneiden
– leider.

Hotel Vier Jahreszeiten,
Neuer Jungfernstieg 9-14

Leider hat Michael Hoffmann das
Restaurant Herlin verlassen. Er er-
möglichte mir unvergessene Gaumen-
freuden mit erstklassigen Weinen im
schönsten Ambiente der Hansestadt.
Testen Sie seinen Nachfolger. Das
Drumherum stimmt immer noch, der
Service und der Sommelier sind geblie-
ben. Nicht vom Hocker gehauen hat
mich das Dock Cheng (asiatisches
Spezialitäten-Restaurant im Hotel-
keller). Überzogene, schlecht gewürzte
und zu teuere Schickimicki-Küche.
Dann lieber Erdbeertorte mit Alster-
blick in der Condi.

Nil, Neuer Pferdemarkt 5

Hier habe ich einige Male bezahlbaren
Mittagstisch genossen. Vom hochgelob-
ten Szenelokal habe ich wenig gemerkt.
Exzellenter Tafelspitz und lockere
Weinauswahl.

Jena-Paradies, Klosterwall 23

Ich hatte zwar erst zweimal das
Vergnügen hier erstklassig zu speisen –
wurde also nie enttäuscht. Gute,
schmackhafte Portionen, der Kartoffel-
salat war besonders lecker. Wenn Sie
Lust auf lockere Bistroatmosphäre
haben und das zu moderaten Preisen –
ab ins Jena-Paradies.

Curio im Curio Haus,
Rothenbaumchaussee 13

Hier sitzt man gut, in lockerer
Atmosphäre – sehr schön umge-
baut der Laden. Wunderbar leichte
Hummersuppe und hauchzartes
Kalbsfilet genossen – zum Teller-
ablecken! Tolles Weinangebot, lockerer Service. Geh´ ich wieder hin.

Wollenberg, Alsterufer 35

Für besondere Anlässe unbedingt ins
Wollenberg gehen. Der Laden ist lockerer als man denkt. Hier ist alles
begehbar, vom Humidor bis zum Wein-
schrank. Und endlich: TV auf der
Toilette. Saftiger Seeteufel und eine
leichte lockere Gurkensuppe verputzt
– sehr schön. Etwas überzogene
Weinpreise, aber was soll´s – gute
Ausstattung hat seinen Preis.

Stock´s Fischrestaurant in Ellerbek

Fisch in Perfektion. Wir waren mit
5 Personen dort und alles war saftig,
leicht und locker. Sehr lecker die
Hummersuppe und das Quarksoufflé
(stand wie eine Eins). Gutes Wein-
sortiment, etwas überdrehter Ober-
kellner – aber bei der Fischqualität ist
das o.k.

Mamma Mia, Berner Str. 72

Immer noch mein Lieblingsitaliener in
Hamburg. Keine Larifariküche, sondern
Küche mit Geschmack. Lamm mit
Pflaumen, feine Bohnen mit Scampis
oder hausgemachte Nudeln mit Krebs-
Sahne-Sauce. Nie wurde ich hier enttäuscht. Die Pizza ist für mich die Beste
in HH. Und ich habe viel probiert, bei
anderen wurde gesungen, gemacht und
getan, aber Pizza Inferno bei Mamma
Mia schlägt keiner.

Delta Bistro, Schlachthofgelände

Fleisch in Spitzenqualität bis zum
Abwinken, saftiges Tatar und hauchzartes Wiener Schnitzel genossen. Etwas
schwer zu finden – aber das Suchen
lohnt sich. Hat auch bis tief in die
Nacht Hummer satt für alle.

Fischereihafen Restaurant,
Große Elbstraße 143

Fisch – das kann er, unser Tausendsassa
Rüdiger Kowalke!
Nachdem der Kapitän vorm Haus mein
Fahrzeug geparkt hatte, gab`s Aal grün
mit schmackhafter fester Sauce und
Zanderfilet vom Feinsten.
Aufmerksamer Service und gute offene
Weine. Leider schlecht gezapftes Bier –
und das passt nämlich zu Aal grün.

Westminster, Bistro am Baumwall

Mein Lieblings-Mittagsbistro. Lockere
Bedienung sorgt selbst bei proppevol-
lem Laden für gute Stimmung. Labskaus
und Matjes immer 1A, dazu gut gezapftes Pils und preiswerte Weinauswahl.
Zur Grünkohlzeit soll man schon
Schlangen vor dem Westminster ge-
sehen haben – so was!

Landhaus Scherrer, Elbchaussee 130

Finde leider zu selten den Weg ins
Scherrer! Obwohl Heinz Wehmann
klar, schnörkellos und sehr gut kocht.
Gebackene Pralinen vom Ochsen-
schwanz sind mehr als Sterne wert.
Sehr zu empfehlen: Mittags ins Bistro.

Marinas, Schellerdamm 26

Fisch perfekt, das kann Michael
Wollenberg. Mächtiger Vorspeistenteller,
saftiger Steinbutt auf Spinat und

exzellente Vorsuppe. Gute, leider etwas zu teure Weinauswahl. Im Sommer sitzt man wunderschön am Harburger Fleet. Service leicht überdreht: Äh, huch, die Kartoffen sind heute aber nervös – dabei knallen ihm gerade 2 Kartoffeln vom Tisch.

Tao, Poststr. 37

Beste Dim Sums im gediegenen Restaurant. Ich bevorzuge immer noch das Lammfilet und die fritierten Garnelenrollen. Müder Service, recht passable Weinauswahl, tolle Toilettendekoration – wirklich!

Funkeck, Rothenbaumchaussee gegenüber NDR

Tolle Frühstückskneipe (Frühstück von A bis Z). Hier wird Radio- und Fernsehgeschichte geschrieben. Schon morgens frisches Roastbeef und perfekter Eierservice. Gute Stimmung, locker und o.k.

Cav. Lieto Barberi, Klosterwall 6 (City Hof Block C)

Der einzig wahre Italiener in Hamburg. Nur italienische Weine, nur italienische Speisen, nur italienische Stimmung. Papa – so dürfen ihn seine Freunde nennen – ist das Original schlechthin. Er ist mit Marchese Antinori (italienischer Spitzenwinzer) zur Schule gegangen und

will es nicht vergessen. Braucht das noble Vier Jahreszeiten mal eine Edelflasche Sassicaia aus einem bestimmten Jahrgang für den aus Amerika angereisten Dustin Hoffmann, dann hat sie nur einer und das ist Papa. Er hat alle Jahrgänge griffbereit in Tresennähe. Unbedingt Thunfisch und Penne rigate mit Fischragout probieren. Ich darf Papa sagen.

San Michelle, Englische Planke 8

Direkt am Michel sitzt der Italiener für besondere Anlässe. Habe umfangreiche Anti pasti, hauchzartes, wunderschön nach Rosmarin duftendes Kalbsmedaillon und butterzarte Knoblauchscampis verzehrt. Dazu italienische Spitzentropfen bis zum Abwinken. Aufmerksamer Service.

Traiteur Wille, Gottschedstr. 13

Ich muss lange nachdenken, wann ich so einen saftigen Tafelspitz serviert bekommen habe – einfach lecker. Schönes Bistro mit reichhaltigem kulinarischem Angebot von Stopfleber bis zur Edelschokolade – alles natürlich auch zum Mitnehmen. Ehrliche und gute Weinauswahl – so geht es auch. Ihre nächsten kalten Platten bestellen Sie bitte bei Wille Bras – ist doch klar, denn die sind von bester Qualität. Unbedingt nach Käsekuchen fragen.

## RESTAURANT-TIPPS

La Fattoria am Isemarkt

Hier roch es in der Trüffelzeit schon von weitem nach diesen einmaligen Knollen. Erstklassige Tagliatelle mit weißen Trüffeln, dazu ein trinkfertiger Barolo ´97 – was will man mehr? Vielleicht ein paar Promis. Kein Problem. Beim letzten Besuch verputzte gerade „Talk im Turm Böhme" einen Teller der köstlichen Anti pasti. Unbedingt reservieren.

Zeik, Oberstr. 14A

Axel Henkel ist und bleibt einer meiner Lieblingsköche. Für mich ist er der „Bastler" unter den Besten. Finessenreich seine ganze Karte – vom Japanteller bis zur Kohlroulade. Unbedingt die Götterspeise und das Rotebeete-Garpaccio probieren. Lockere Bedienung und Weinauswahl. Demnächst kommt eine Bar dazu, direkt in der Nähe, weiter so – Axel Henkel.

Petit Delice, Galleria-Passage, Große Bleichen

Seit Werner Henfller den Laden übernommen hat, brummt das Ding. Was gibt es Schöneres, als im Sommer auf der Terrasse zu sitzen und sich an lockerer, kreativer Küche zu erfreuen. Jahrhundertkoch Eckard Witzigmann ist der Pate des Petit Delice, und das merkt man. Es ist jede Wiederholung

wert. Beim letzten Mal gab es ganz kurz und zwischendurch einen Champagner umsonst, und das vor einem Konzertbesuch. Gut, oder?!

Mein Stade

Restaurant Knechthausen, Bungenstr. 20

Der kulinarische Treff an der Niederelbe. Christian Schmidt kocht, dass sich die Balken biegen. Pasta, Fisch, Fleisch – alles von exzellenter Qualität. Hier ist immer was los – Gott sei Dank gibt es Schmiddi in Stade. Große, feine Weinauswahl, lockerer Service und wunderschöner Hofgarten – auf ins Knechthausen. Danke Christian. Die Fischsuppe ist unvergessen.

„Treffpunkt", Wilhelm Sietas Str. 12

Hier stille ich meinen Heißhunger auf Currywurst / Salat – auch das braucht der Fernsehkoch. Peter Pientka ist einer der wenigen Wirte, die noch Bier zapfen wie es sich gehört – also keine Schnellschußgläser.

Inselrestaurant, Auf der Insel

Heinz Bartsch präsentiert bürgerliche, gute Küche unterm Reetdach. Wer hier seine Hochzeit nicht feiert, ist selbst schuld. Beim letzten Besuch wunderbares Filet und erstklassiger Matjes. Tolle Gartenatmosphäre – weiter so.

# BUCH-TIPPS

Bücher ohne die Rainer nicht leben will:

Weinatlas Bordeaux
Hubrecht Duijker, Michael Broadbent
Hallwag Verlag

Hans Stucki – Die besten Rezepte
Buchverlag der Basler Zeitung

Harry´s Bar Kochbuch
Arrigo Cipriani
Heyne Verlag

Feine leichte Kräuterküche
Roger Souvereyns / Scholteshof
Zabert Sandmann Verlag

Rezepte aus dem Gargantua
Klaus Trebes
Rütter-Loening Verlag

Karpfen oder Kaviar
Klaus Trebes
Heyser-Verlag

The Culinary Cronicle
Band 2: Italien und Kalifornien
Hädecke Verlag

Junges Gemüse
Eckart Witzigmann
Der Feinschmeker
Edition Gräfe & Unzer

Mit Liebe, Lust und Thymian
Elfie Casty
Heyne Verlag

Kartoffelzaubereien
Joel Robuchon
Heyne Verlag

Das Alice B. Toklas Kochbuch
Kochen für Getrude Stein
und Ihre Gäste
Byblos Verlag Berlin

Französischer Käse
Randolph Hodgsen
Heyne Verlag

Die neue Küche Kataloniens
Ferran Adrian
Droemer und Knaur Verlag

# MUSIK-TIPPS

Musik ohne die Rainer nicht kochen will

Wolfgang Amadeus Mozart
Klavierkonzerte 20 und 21
Friedrich Gulda,
Wiener Philharmoniker /
Claudio Abbado
Deutsche Grammophon

Klaviersonaten KV 570 und KV 576
Fantasie KV 475, Friedrich Gulda
Deutsche Grammophon

An Italien Songbook
Cecilia Bartoli
Bellini, Donizetti, Rossini
Decca

Mozart und Strauß Arien
Christine Schäfer
Berliner Philharmoniker /
Claudio Abbado
Deutsche Grammophon

Classic Wynton,
Wynton Marsalis
Sony - Classical

Mozart Arias, Thomas Quasthoff
Württembergisches Kammerorchester
Heilbronn
BMG Music

Neujahrskonzert 1999
Wiener Philharmoniker, Lorin Maazel
BMG - Classics

When I look in your eyes, Dianna Krall
Universal Music

Berlin Gala
Macelo Alvarez, Mirella Freni,
Simon Keenlyside, Christine Schäfer
Berliner Philharmoniker /
Claudio Abbado

Traveling miles, Cassandra Wilson
Blue Note

# REZEPTVERZEICHNIS

## B

| | |
|---|---|
| Bami Goreng | 6 |
| Bandnudeln mit Frühlings-zwiebeln-Safran-Sauce | 88 |
| Bratkartoffel-Tips | 54 |
| Bratwurstrolle mit Linsenragout | 56 |

## E

| | |
|---|---|
| Entenbrust aus dem Wok | 7 |

## F

| | |
|---|---|
| Feines Apfelmus | 121 |
| Fenchelsalat | 82 |
| Fischfilet asiatisch | 8 |
| Fischstäbchen | 30 |

## G

| | |
|---|---|
| Gänsebraten | 20 |
| Gebrannte Creme – Creme brulée | 114 |
| Gedünsteter Spitzkohl | 50 |
| Gefüllte Tomate | 76 |
| Gefüllte Wirsingbällchen | 40 |
| Gefülltes Kotelett | 72 |
| Gegrillte Gemüse | 76 |
| Gegrillte Makrele | 74 |
| Gekochte Gans/Ente | 22 |
| Geschmorte Ziegenkeule | 70 |
| Geschmorter Lauch | 44 |
| Geschmortes Kaninchen | 59 |
| Gnocchi mit 2 Saucen | 89 |
| Gratinierter Ziegenkäse | 27 |
| Grüne Bohnen mit Lammfilet aus dem Wok | 12 |
| Grüner Spargel aus dem Wok | 10 |
| Grüner Spargel mit safraniertem Kartoffelpüree | 108 |

## H

| | |
|---|---|
| Hähnchenflügel mit Honig-Orangen-Sauce | 77 |
| Heringe auf Zwiebel-Tomaten-Ragout | 32 |

## I

| | |
|---|---|
| Irish Stew | 60 |

## K

| | |
|---|---|
| Kalbsleber in Speck mit Kartoffel-Apfelpüree | 57 |
| Kalbsleber mit Speck und Kartoffel-Karottenpüree | 58 |
| Kartoffelpüree | 52 |
| Kartoffelsalat | 84 |
| Kirschgratin | 116 |
| Knoblauch-Risotto | 41 |
| Kräuterbaguette | 85 |
| Kräuterbutter | 86 |

## L

| | |
|---|---|
| Lachsterrine | 35 |
| Lammfrikadellen mit Schafskäsefüllung | 78 |
| Lammspieße mit Crème-fraîche-Sauce | 80 |

## M

| | |
|---|---|
| Marinierter Saibling mit Sushireis und Wasabicreme | 13 |
| Mariniertes Kotelett | 73 |

# REZEPTVERZEICHNIS

## N

| | |
|---|---|
| Nudelauflauf | 91 |
| Nudelsalat | 92 |
| Nudelsalat | 93 |
| Nudelteig mit Ei | 96 |
| Nudelteig ohne Eier | 96 |

## O

| | |
|---|---|
| Offene Ravioli | 97 |
| Orangensnack | 24 |

## P

| | |
|---|---|
| Paella | 61 |
| Paprikahuhn | 64 |
| Perlhuhn mit Morcheln | 18 |
| Petersilienmus | 24 |

## R

| | |
|---|---|
| Ratatouille | 46 |
| Risotto mit Safran | 47 |
| Rotbarschgratin | 36 |

## S

| | |
|---|---|
| Sahne-Bohnen | 48 |
| Saiblingfilet in Pergament | 34 |
| Sauerkraut | 49 |
| Scheiterhaufen | 118 |
| Spaghetti in Pergament | 101 |
| Spaghetti mit Brühe, Parmesan und pochiertem Ei | 100 |
| Spargel in Pergamentpapier | 104 |
| Spargel polnisch | 105 |
| Spargel-Crepes | 110 |
| Spargelrisotto | 106 |
| Spargelsalat lauwarm | 107 |
| Steckrübeneintopf | 66 |

## T

| | |
|---|---|
| Tafelspitz | 25 |
| Tagliatelle mit Schollenfilets | 102 |
| Taube im eigenen Saft | 68 |
| Thunfischtatar | 38 |
| Tomaten-Chili-Sauce | 62 |

## Z

| | |
|---|---|
| Zabaione mit marinierten Erdbeeren | 119 |
| Zuppa iglese | 120 |

Wenn nicht anders angegeben, gilt die Menge für 4 Personen.

Geschirr: DIBBERN, Bargteheide

# IMPRESSUM

Artfound Hamburg
Ulmenstraße 23
22299 Hamburg
1. Auflage 1999
Nachdruck auch auszugsweise nur mit
schriftlicher Genehmigung des Verlages.
Rezepte und Texte: Rainer Sass
Alle Fotos: Olaf Gollnek
Layout: Artfound Hamburg:
Ulrike Leppin, Nina Prasse
Produktion: Artfound Hamburg:
Roman Hochstöger
Litho: Winkelhaken Hamburg
Druck: Jütte Druck Leipzig
Lektorat: Natalie Nitz
Printed in Germany ISBN 3-930336-54-5
PR-Beratung Rainer Sass:
SUCKER CONNECTION, Hamburg
Geschirr: DIBBERN, Bargteheide

DANKE
Hans-Jürgen Boerner
Eva Herman
Florian Kruck
Sabine Rossbach - Hesse
Harald Wehmeier